Los geht's, unaufhaltbar nach vorne

Wie Sie Ihre Privaten & Beruflichen Ziele ohne Wenn und Aber erreichen

Tilo Kuhn

1. Auflage

Inhalt

Vorwort

In dem Wort „Selbstdisziplin“ versteckt sich das Wort „Disziplin“. Laut Wikipedia bedeutet Disziplin folgendes: „Selbstdisziplin oder Selbstbeherrschung bezeichnet ein stetiges und eigen-kontrolliertes Verhalten, das einen Ordnungszustand aufrechterhält oder schafft, indem es Anstrengungen aufwendet, die von vorherrschenden individuellen oder äußeren Ablenkungen von einer einzuhaltenden Zielvorgabe entgegenwirken.“

Wir Menschen ziehen seltsamerweise das kurzfristige Vergnügen dem langfristigen oftmals vor. Doch um deine beruflichen oder privaten Ziele zu erreichen, ist Selbstdisziplin zwingend vonnöten, ganz gleich, ob du dich derzeit danach fühlst oder nicht.

Eine populäre Theorie bezüglich Disziplin ist die folgende: Jeder Mensch hat ein gewisses Maß an Disziplin. Diese benötigen wir, damit wir das Ziel, welches wir haben, auch verfolgen können, ohne uns dabei von anderen Menschen oder Umständen ablenken zu lassen. Diese Maß an Energie kannst du dir vorstellen wie einen Akku. Immer, wenn du etwas Disziplin angewendet hast, verliert der Akku auch ein gewisses Maß an Energie. Dies kannst du so lange betreiben, bis der Akku schlussendlich leer ist. Es spielt dabei auch keine Rolle für welche Arten von Disziplin du deine Energie verwendet hast.

Da deine Selbstdisziplin nur begrenzt ist aufgrund des Speichers des Akkus, wird auch diese im Laufe eines Tages abnehmen. Es kostet dich viel Willenskraft über diesen Zeitraum verteilt, da du Entscheidungen treffen, Versuchungen widerstehen oder auch unangenehme Dinge erledigen musst.

Der Akku wird im Optimalfall wieder jede Nacht randvoll aufgeladen. Allerdings hängt dies von vielen unterschiedlichen Kriterien ab, wie der Qualität des Schlafes und auch der Ernährung.
Wenn du schlecht schläfst und viel Stress hast, kann der Akku sich nicht bis zur Grenze aufladen. Somit hast du am folgenden Tag weniger Selbstdisziplin und Willenskraft zur Verfügung und wirst ggf. der ein oder anderen Versuchung nachgeben, also nicht über dein gesamtes Potenzial verfügen

Um das eigene Wohlbefinden zu steigern, gibt es viele wichtige Eigenschaften, die dazu beitragen, wie unter anderem die Selbstdisziplin. Es hat sich in Studien gezeigt, dass Menschen mit einer stetigen, starken Disziplin deutlich glücklicher und zufriedener mit sich und ihrem Leben sind. Dies bezieht sich sowohl auf die private wie auch berufliche Ebene.

Ein schnellerer Erfolg kommt jedoch mit der entsprechenden Selbstdisziplin und somit kannst du dir deine individuellen Wünsche und Ziele schneller Erfüllen als andere Menschen ohne diese Eigenschaft. Möchtest du dein eigenes Verhalten kontrollieren, dann benötigst du dazu einen starken Willen. Tatsächlich ist dieser Wesenszug nicht angeboren. Diese braucht tägliches Training und muss immer wieder zum Einsatz kommen.

Die heutige Zeit ist allerdings eher von einem Mangel an Selbstdisziplin geprägt. Dies macht sich teilweise extrem im Beruf bemerkbar. Viele Menschen üben einen Beruf aus, den sie nicht mögen oder der sie unglücklich macht und nicht ausfüllt. Dies kann an einer ungenügenden oder mangelnden Ausbildung liegen, an dem mangelnden Willen eine früher getroffene Entscheidung zu berichtigen oder auch an anderen Faktoren.

Ein anderer Punkt ist die persönliche Ebene. Viele leiden unter Übergewicht, andere kämpfen mit psychischen Problemen. Die Liste ist schier endlos. Im Laufe eines Lebens gewöhnen sich man sich aufgrund eigenem oder auch äußerem (z.B. Werbung) Antrieb schädliche oder schlechte Angewohnheiten an und es entstehen große Probleme, diese wieder „los zu werden".

Selbstdisziplin zu erlernen ist daher auch dringend notwendig, um aus dem Hamsterad heraus zu kommen.

Für ein erfülltes und erfolgreiches Leben sehen viele Experten, wie beispielsweise Brian Tracy, Selbstdisziplin als Grundlage. Diese Aussage wurde von vielen Langzeitstudien bestätigt.

„Als ich etwas über das Leben großer Menschen las, fand ich heraus, dass der erste Sieg, den sie errangen, der über sich selbst war; Selbstdisziplin war ihnen allen am wichtigsten."
(Harry S. Truman, ehemaliger amerikanischer Präsident)

1. Was bedeutet Selbstdisziplin eigentlich?

Eine Kombination aus verschiedenen Aspekten, die aus Willensstärke und Durchhaltevermögen bestehen, zeichnet die Selbstdisziplin aus. Seinen Willen kann jeder Mensch gegen alle negativen Umstände durchsetzen, wenn er diszipliniert genug ist. Wer Biss hat, kommt seinen gesteckten Zielen Stück für Stück immer näher. Ein starker Wille bewahrt dich auch oftmals davor, dir von anderen Menschen etwas aufzwingen zu lassen, was du nicht möchtest. Somit kannst du auf lange Sicht emotionale Abhängigkeit von anderen Personen somit sehr gut vermeiden.

Erfolgreiche Menschen haben, neben anderen Eigenschaften, eine sehr große Portion Selbstdisziplin. Stetig setzen sie sich neue Ziele und wissen genau, welchen Weg sie bestreiten wollen. Diese Menschen werden auch nicht durch Hindernisse oder Schwierigkeiten von ihrem Weg abgebracht. Im Gegenteil, sie sehen diese Probleme eher noch als Herausforderung, die es gilt zu bezwingen oder zu umgehen.

2. Selbstdisziplin – Das Wundermittel für ein tolles Leben

Der Mensch ist von Natur aus so gestrickt, dass er den Weg des geringsten Widerstandes sucht und auch bestreitet. Natürlich ist es unsinnig, es sich selbst immer so schwer wie möglich zu machen. Evolutionstechnisch ist das selbstverständlich nachvollziehbar – verschwendete Energie war in der Steinzeit fast schon ein Todesurteil. Allerdings ist nicht immer der Weg des geringsten Widerstandes auch der Beste.

Wer diesen Weg wählt, der tut das, weil es einfach ist und mehr Spaß macht, statt seine Ziele zu verwirklichen. Menschen, die immer den Weg des geringsten Wiederstandes wählen, werden in der Regel ihre Ziele im Leben nie erreichen.

Du kannst alles in deinem Leben erreichen, wenn du Eigenverantwortung für dein Leben übernimmst und dabei spielen die Ziele keine Rolle. Sei es, dass du erfolgreich, reich, gesund, schlank und glücklich werden möchtest. Allerdings solltest du bedenken, dass alles im Leben seinen Preis hat und lediglich sehr wenige sind bereit, diesen Preis auch zu zahlen.

Der Mensch neigt wie gesagt dazu, sich den leichtesten Weg zu suchen. Dadurch sucht er oftmals auf dem Weg nach oben auch die sogenannte „Wunderpille". Aus diesem Grund findet man auch jede Menge Werbung, die uns oftmals genau das verspricht. *„Mit nur 2 Stunden Aufwand jede Woche 10.000 € verdienen!"* oder *„In nur 2 Wochen zum definierten Sixpack ohne Ernährungsumstellung und Sport!"*. Im Grunde kennst du jedoch die Wahrheit schon, bevor du es ausprobiert hast, denn diese Wunderpillen existieren nicht. Ein sichtbarer Erfolg, ganz gleich in welchem Bereich, ist immer von harter Arbeit und Verzicht geprägt. Doch oftmals sehen wir den Weg dorthin nicht, sondern nur den Erfolg.

Hast du den Wunsch dir ein Business aufzubauen, dann sei dir sicher, dass dies nicht erfolgreich wird ohne den entsprechenden Verzicht und viel harter Arbeit. Es wird viele Stunden für deine Arbeit in Anspruch nehmen und du wirst auch auf viele Dinge wie beispielsweise Zeit für deine Freunde, Partner/in und Hobbys verzichten müssen.
Somit zeichnet die Selbstdisziplin sich als Eigenschaft auf, bei der du auf gewisse Dinge verzichten musst, da es etwas gibt, dass dir wichtiger ist. Bildlich gesprochen könnte man auch sagen, verzichte auf ein Stück Kuchen, um zu einem späteren Zeitpunkt einen ganzen Kuchen zu bekommen.
Eine gewisse Rolle sowohl beim beruflichen, wie auch privaten Erfolg sind Faktoren wie Begabung, Ausbildung und soziale Herkunft. All diese Faktoren haben jedoch bei Weitem nicht diesen Stellenwert wie die Charaktereigenschaft Selbstdisziplin.
Erfolg wird von jedem Menschen anders definiert.

2.1. Woher kommt die Willenskraft?

Den Begriff Willenskraft nutzt man oft, ohne darüber nachzudenken. Allerdings handelt es sich dabei oftmals um ein sehr umstrittenes Konzept. Betrachten wir dies einmal vom philosophischen Standpunkt, dann stammt dieses Konzept aus der Metaphysik von Aristoteles (Philosoph und Wissenschaftler, 384 v. Chr. - 322 v. Chr.). Von dort aus gliederte es sich dann in die verschiedenen westlichen Religionen ein und verwandelte sich in eine Tugend allererster Klasse.

"Darum lässt sich das Verhältnis des Willens zum Intellekt nicht treffender ausdrücken als in dem Gleichnis vom Blinden, der den Namen auf seinen Schultern trägt."
(Arthur Schopenhauer, Philosoph, 1788 - 1860)

Sowohl der Wille, wie auch die Willensstärke sind somit Fähigkeiten, die du dir aneignen kannst, um dein eigenes

Handeln zu lenken und beherrschen. Sowohl die Metaphysik, wie auch die Religion weisen darauf hin, dass diese Kraft ausschließlich aus dem freien Entschluss eines jeden Menschen aufwachsen muss.
Die Psychoanalyse hat wiederum ernsthafte Bedenken aufgrund des Entdeckens des Unterbewussten, sowohl gegen das Konzept des Willens, wie auch gegen das der Willensstärke.

2.2. Gezielt Selbstdisziplin erlernen

Wenn du den Wunsch hast, nicht allzu viel Zeit in dein Vorhaben und Ziel zu stecken, Selbstdisziplin zu erlernen, dann muss ich dir leider sagen, dass sich dieser nicht erfüllen lässt. Dieses Vorhaben wird Zeit in Anspruch nehmen und du kannst es nicht erzwingen. Genau genommen ist es ein stetiger Prozess, der niemals abgeschlossen sein wird.
Verbissen an diesen Wusch zu gehen wird dich nicht weiterbringen, sondern lediglich Geduld. Die einen lernen es schnell, die anderen brauchen mehr Zeit. Unnötiger Leistungsdruck und Perfektionismus wird dich nur daran hindern. Der einzige Gegner, den du bekämpfen musst bei diesem Unterfangen, bist du selbst.
Der Charakter, die Intelligenz oder anderen persönlichen Voraussetzungen spielen keine Rolle bei dem Erlernen von Selbstdisziplin. Der Schlüssel ist sowohl im privaten, wie auch beruflichen Alltag die dauerhafte Durchsetzung von den Maßnahmen, die du für den Wunsch, Selbstdisziplin zu erlernen, ergreifst.

Zunächst einmal gilt es herauszufinden, warum du Selbstdisziplin erlernen möchtest, denn nur so kannst du dein Ziel auch konsequent verfolgen. Erzwingen lässt sich dieser Wunsch nicht, es muss aus dir selbst herauskommen. Anders wirst du dieses Vorhaben nicht durchziehen können. Dazu solltest du deine eigenen Ziele kennen, diese definieren und auch hinterfragen, warum es dir so wichtig ist, diese zu erreichen. Selbstdisziplin wirst du nur erlernen können, wenn du in deinem Handeln einen tieferen Sinn erkennst und es um jeden Preis umsetzen willst.

Die gesetzten Ziele sollten jedoch immer realistisch und machbar sein. Setzt du dir gleich zu Anfang zu hohe Ziele, ist dein Vorhaben von vornherein schon zum Scheitern verurteilt.
Rufen deine Ziele in dir einen starken, inneren Widerstand hervor, dann passe diese solange an, bis du ein gutes Gefühl hast, diese auch realisieren zu können.
Es ist ein gutes und probates Mittel, ein großes Ziel in viele kleine Etappen zu zerlegen. So hast du nicht das Gefühl von Unerreichbarkeit, bist nicht von vornherein schon sicher, dass du scheitern wirst und kannst diese kleinen Ziele auch wirklich erreichen. Rechne jedoch auch damit, dass der Alltag dir bei deiner Zielverwirklichung immer wieder kleine und große Steine in den Weg legen wird. Dies können Krankheiten und auch notwendige, ungeplante Reparaturen von erforderlichen Geräten sein. Verfolge dein Ziel weiter, sobald dies möglich ist. Somit lässt sich deine Selbstdisziplin ebenfalls immer wieder verbessern.

2.3. Die Willenskraft ist vor allem harte Arbeit

Als historisches Musterexemplar gilt Mahatma Gandhi (1869 - 1948). Schaust du einem buddhistischen Mönch beim Meditieren zu, wirst du Zeuge von außerordentlicher Selbstbeherrschung. Diese wird alleine durch ihre pure Willenskraft aufrecht erhalten.

Die Willenskraft wird durch die bewusste, willentliche und zielgerichtete Steuerung von Gedanken, Motivation, Emotionen und Handlungen vorgenommen und somit an das gewünschte Ziel gelangt. In der Fachsprache wird dies auch "Umsetzungskompetenz" oder "Umsetzungskraft" genannt.

Im Laufe eines Lebens hat der Mensch viele Ziele. Dies können sein ein paar Kilos abzunehmen, mehr Sport zu treiben, mehr Zeit mit Freunden zu verbringen. Für die meisten Menschen stellen diese Dinge eine sehr große Herausforderung dar, denn in den meisten Fällen steckt dahinter Gewohnheit. Um diese zu ändern benötigst du Willenskraft und Disziplin.

Willenskraft ermöglicht dir…

- deine eigenen Ziele festzuhalten und diese auch zu erreichen
- über dich hinauszuwachsen und deine Komfortzone zu verlassen
- resistenter gegenüber Versuchung zu werden
- Ablenkungen zu widerstehen
- weniger anfällig für Störungen zu werden
- bessere Beziehungen zu führen

Nicht jeder Mensch verfügt über die gleiche Ausprägung von Willensstärke und somit verändert sich auch der Karriereverlauf.

2.4. Das Training des Disziplin-Muskels

Deine Selbstdisziplin kannst du gut mit einem Muskel vergleichen, um so ein plastisches Bild zu bekommen. Diesen musst du zwangsläufig in irgendeiner Art trainieren, damit er wächst. Mit der Selbstdisziplin verhält es sich genauso. Wenn du diese trainieren möchtest, dann solltest du diszipliniert handeln. Es gibt immer eine Sache, zu der du dich überwinden musst oder einer Versuchung, der du widerstehen musst. Doch so kannst du deine Selbstdisziplin hervorragend trainieren.

Allerdings ist es auch möglich, diesen Muskel zu übertrainieren. Dies kann beispielsweise eintreten, wenn du deinen Zielen hinterherjagst und versuchst, dessen Erfolg zu erzwingen. In diesem Moment vergisst du dich selbst, reduzierst deine Bedürfnisse nach Freundschaft und ähnlichem, soweit wie möglich, nur um verbissen deinen Zielen nachzujagen. Dadurch stehst du dann permanent unter Stress. Wenn du es nicht schaffst, vorab die Reißleine zu ziehen, wird das Burn-Out-Syndrom nicht lange auf sich warten lassen. Statt glücklich und zufrieden wirst du dich permanent ausgebrannt und erschöpft fühlen.

Bedenke, dass ein Muskel nicht im Training wächst, sondern in der Ruhephase. Somit solltest du in deinem Leben und Handeln immer genug Ruhephasen einplanen und Dinge nicht zu kurz kommen lassen, die dir Spaß machen. Du wirst auf lange Sicht nicht glücklich werden, wenn du diese permanent ignorierst. Ab und zu solltest du dich belohnen und dir etwas gönnen. Aufwand und Belohnung sollten sich jedoch die Waage halten.

2.5. Willensstärke ist keine Konstante

Im Laufe des Tages lässt die Willensstärke nach. Dies haben Studien von Myriam Kouchaki von der Harvard-Universität und Isaac Smith von der Universität von Uta ergeben. Dieses Phänomen nannten sie auch "Morning morality effect".

Auch eine Studie von Christopher Barnes von der Universität von Washington weist diese Richtung. Somit folgt sowohl unsere Willenskraft, wie die Kreativität den sogenannten zirkadianen Rhythmen. Die Willenskraft fällt beispielsweise zeitaufwendigen Meetings, Stress und Deadlines, aber auch Ärger mit Chef, Kunden und Kollegen zum Opfer. Hast du dann nicht genug Pausen um deine Batterien wieder aufzuladen, wird dir schnell die Energie für deine Entschlossenheit und eisernen Willen genommen. Somit wirst du schlapper, anfälliger für Versuchungen und auch deine Selbstkontrolle wird immer weiter geschwächt.

2.6. Verbessere deine Selbstdisziplin durch Beständigkeit

Du kannst gezielte Maßnahmen anwenden, wenn du deine Selbstdisziplin verbessern möchtest. Dafür kann ein Zeitplan helfen, indem du feste Termine für bestimmte Erledigungen festhältst. Auf diese Weise kannst du auch keinen wichtigen Punkt vergessen und hast dieses immer vor Augen. Möchtest du die Termine dann doch einmal aufschieben, wird dich dein Gewissen schnell dran erinnern, dass du dies besser nicht tun solltest. Dies ist sehr nützlich. Viele Menschen kommen mit ihren Zielen besser zurecht, wenn sie sich dafür ein Zeitfenster setzen. Es fördert außerdem die Motivation. Oftmals ist es auch leichter, mehrere Punkte auf einmal zu erledigen.

So hast du die Möglichkeit, neue Pläne mit alten Aufgaben zu verknüpfen, die ohnehin erledigt werden müssen und die nicht ganz oben auf deiner Beliebtheitsskala stehen.

2.7. Die Selbstdisziplin verbessern mit vorgegebenen Prioritäten

Zu viele aufkommende Aufgaben überfordern die meisten Menschen und so werden auch viele unwichtige Dinge erledigt, die noch Zeit gehabt hätten, da man sich oftmals die angenehmsten und einfachsten herauspickt. Leider haben diese auch die Angewohnheit, den eigenen Zeitplan durcheinander zu bringen und der Stressfaktor erhöht sich, obwohl dies hätte gar nicht sein müssen. Eine Planung für

alle Aufgaben und Prioritäten ist daher sehr sinnvoll und verbessert zeitgleich die eigene Disziplin.
Auf eine solche Liste kommen zunächst alle eiligen und wichtigen Aufgaben, dann alle eiligen, aber unwichtigen Aufgaben. Zum Schluss folgt dann der Rest der unwichtigen Aufgaben, die keine Zeitvorgabe haben. Bei diesen sollte man sich allerdings fragen ob man sie überhaupt erledigen muss.
Unnötiger Stress lässt sich mit dieser Art des Zeitmanagements prima vermeiden und die wichtigen und dringenden Punkte hast du somit immer vor Augen. Dies vereinfacht das Erreichen deiner Ziele erheblich.
Vermeide zudem bewusste Ablenkungen, da diese ein sehr oft vorkommender, natürlicher Feind der Selbstdisziplin ist. In der heutigen Zeit finden sich Ablenkungen an jeder Ecke und sie alle wollen dich zum Nichtstun verleiten. Zu diesen „natürlichen“ Feinden gehören vor allem das Internet und Handy. Beides sind wahre Meister, dich von deiner Arbeit abzulenken. Um dies zu vermeiden, solltest du den Klingelton beim Handy ausschalten und auch verschiedene Internet-Anwendungen blockieren, die dich gern ablenken wie beispielsweise Facebook, Instagram und YouTube. So kannst du dich vollkommen auf deine Aufgabe konzentrieren und somit auch zeitnah erledigen. Schon bist du deinem Wunsch nach mehr Selbstdisziplin wieder ein großes Stück nähergekommen.

2.8. Für den Job die erforderliche Disziplin erlernen

Für viele Menschen ist der Sprung von der Schule oder dem Studium in das Arbeitsleben sehr heftig. Sie sind es nicht gewöhnt, sich viele Stunden gleich auf mehrere Projekte konzentrieren zu müssen. Zeitgleich haben sie das Wissen im Nacken, wenn die Anforderungen nicht geschafft werden, dass der Arbeitgeber nicht zufrieden ist mit der erbrachten Leistung, die gestellten Aufgaben nicht im

vorgegebenen Zeitplan erledigt werden, dass sie unter Umständen schneller ihren Job wieder verlieren, als sie hinsehen können. Der Wettbewerb in der Arbeitswelt ist sehr hart und nicht mit dem in Schule oder Universität zu vergleichen.
Dieser Stress baut bei den jungen Menschen oftmals einen extremen Druck auf und zeitgleich verlieren sie aufgrund der ungewohnten hohen Anforderungen schnell ihre Konzentration.
Nun gilt es so schnell wie möglich den eigenen, richtigen Rhythmus bei der Arbeit zu finden.
Eine gute Hilfe hierbei ist es, sich genau zu überlegen, zu welcher Tageszeit deine Konzentration am besten ist. In dieser Zeit solltest du alle schwierigen Aufgaben erledigen.

2.9. Verbessere deine Arbeitsmotivation durch Rituale

Oftmals fängt das Problem schon morgens an, da viele nicht wissen wie sie überhaupt in Schwung kommen sollen. Die Einen können sich mit einer Sporteinheit helfen, andere brauchen eine lange, ausgiebige Dusche und wieder andere bevorzugen ein ausgiebiges Frühstück. Die Motivation für den Tag und dic Arbcit stcigt, wenn du den Tag angenehm startest. Auch an dieser Stelle gilt, je öfter du etwas machst, desto leichter wird es dir fallen und so selbstverständlicher wirst du es in deinem Alltag integrieren.
Oftmals werden in Form einer Gehaltserhörung oder anderer Belohnungen Durchhaltevermögen und gute Leistungen in der Arbeitswelt honoriert.
Allerdings empfinden viele Menschen den Weg jeden Tag zur Arbeit als Qual. Ein guter Trick ist, dies als Herausforderung anzusehen und somit wird dieser Vorgang auf kurz oder lang wie die Morgenroutine zu einer normalen Gewohnheit. Irgendwann wirst du an dem Punkt kommen, an dem du gern arbeiten gehst, unter der Voraussetzung, dass dies ein Job ist, der dir Spaß macht.

Mache dir die Gründe bewusst, warum du arbeiten gehst und welche Ziele du verfolgst. Für den einen ist die Aussicht einer Karriere Ansporn genug, der andere genießt die finanzielle Freiheit, die durch die Arbeit entsteht. Dadurch erreichst du im Laufe der Zeit ebenfalls die benötigte Disziplin für deinen Job.

2.10. Praktische Tipps für mehr Selbstdisziplin

Viele Menschen haben Probleme genug Selbstdisziplin aufzubringen, ganz gleich, welche Ziele sie haben und wie verlockend deren Erfüllung ist. Die Ablenkungen sind groß und immer wieder gibt man diesen nach. Oftmals braucht es mehrere Versuche, um die ersten, erfolgreichen Schritte auf dem Weg zum Ziel zu erreichen. Doch es gibt einige Möglichkeiten, wie du gegen die aufkommenden Versuchungen ankämpfen kannst.

Mache dir das "Wieso" klar

Es wird immer wieder Tage geben, an denen du keine Lust hast, deinen Träumen nachzujagen, auch wenn du genau weißt, dass du es tun musst, um diese zu verwirklichen. Es wird dann oftmals auf den nächsten Tag oder die nächste Woche geschoben, das würde ja auch noch ausreichen. Doch das tut es nicht und vom Grunde her belügst du dich selbst. Denn wirst du einmal schwach, wird genau das immer wieder passieren.
Stelle dir somit nicht die Frage, warum du dir dieses Ziel gesetzt hast, sondern wieso du es schaffen willst.

Beginne immer klein

Jeder Anfang ist schwer und die Rückschläge gehören zum Leben dazu, machen die ganze Sache jedoch nicht leichter. Daher zerlege dein großes Ziel in viele kleine, denn dies ist eine gute Methode, um deinen Wünschen näher zu kommen. Kleine Erfolge können in dir selbst schon sehr viel bewegen und dadurch werden sie dich immer weiter voran treiben.

Die richtigen Ziele setzen

Träume werden nicht immer real, jedoch können schon alleine die Gedanken daran Erfolg bringen. Allerdings benötigst du Selbstdiagnose dafür. Bedenke jedoch, dass es wichtig ist, sich realistische Ziele zu setzen.
Du solltest deine Ziele ändern, wenn du schon im Vorfeld genau weißt, dass es kaum möglich ist oder du dich derzeit dazu nicht in der Lage fühlst.
Realistisch müssen kurzfristige Ziele in jedem Fall sein, denn nur dadurch stellst du sicher, dass du deine Motivation nicht verlierst.
Geht es um Ziele, die du dir langfristig setzt, kannst dabei schon hoch greifen und über Jahre planen. Ein Großteil der Menschen kann den Zeitraum eines Jahres nicht richtig einschätzen und setzt sich zu hohe Ziele, jedoch für ein ganzes Jahrzehnt unterschätzen sie das Volumen.

Belohnungen

Ganz gleich wie hoch eine Hürde ist, die du genommen hast, du darfst dich darüber freuen und dir selbst eine kleine Belohnung schenken. Welche Art diese hat, liegt an dir selbst und ist auch vom Ziel abhängig. Eine Belohnung wirkt sich jedoch auf deine Selbstdisziplin sehr positiv aus. Bedenke jedoch, dass eine Belohnung lediglich über einen recht kurzen Zeitraum wirkt. Dies liegt daran, dass für viele die Motivation weg fällt, wenn auch die Belohnung nicht in Aussicht steht. Es ist somit sinnvoll, diesen Punkt mit dem kommenden zu verbinden.

Bestrafung bzw. Verzicht

Für viele Menschen klingt dieser Punkt sehr hart und es kommt auch immer der Einwand, dass man sich doch nicht

selbst bestrafen soll. Doch bei den meisten Menschen funktioniert ein reines Belohnungssystem einfach nicht. Somit stellt für viele die Kombination aus beiden Varianten die beste Alternative dar.
Halte deine Ziele schriftlich fest. Wenn du diese dann nicht erreicht hast, dann musst du auf etwas verzichten wie deine Lieblingsserie, ein Fußballspiel oder was auch immer dir sonst noch einfällt. Dieses System steigert deine Selbstdisziplin enorm.

Schließe deine Aufgaben immer ab

Behalte stets den Überblick über deine Aufgaben. Du wirst dein Ziel nicht erreichen, wenn du immer wieder etwas Neues anfängst, aber nichts zu ende machst. Daher solltest du stets auch kleine Ziele abschließen und nicht aufschieben, wenn die Erfüllung einmal nicht geglückt ist. Dann benötigst du eben mehrere Anläufe. Deine Devise sollte lauten Stück für Stück, denn nur so kannst du im Leben den Überblick behalten und deinen Träumen so auch auf die gleiche Weise immer näher kommen.

Setze Prioritäten

Prioritäten im Leben sind essentiell, denn anders wirst du den Fokus in deinem Leben verlieren. Mache ein bis zwei Sachen zu deiner Priorität, erledige diese und mach dann erst mit den nächsten weiter. Dadurch sparst du dir sehr viel Zeit und Kraft, die du dann wieder für andere Dinge verwenden kannst.

Suche dir Verbündete

Eine große Motivation und Hilfe für deine Selbstdisziplin können Freunde, Familie und Gleichgesinnte sein aufgrund der gegenseitigen Unterstützung. Lasse keine Zweifler in dein Leben. Denn sie halten dich nur auf. Menschen, die ähnliche Ziele verfolgen wie du, bereichern dein Leben und können dir helfen.

Tausche dich mit deinen Verbündeten aus, so hast du die Möglichkeit, dein Programm zu verbessern und du bekommst Zuspruch, wenn du einmal feststeckst oder einen Durchhänger hast. Es gibt Dinge, die du einfach nicht alleine schaffen kannst.
Auf diese Art und Weise kannst du viel Energie sparen. Ein weiterer Vorteil ist, dass es in der Gruppe oder zu zweit viel mehr Spaß macht als Alleine.

Ändere deine Gewohnheiten

Unser Gehirn ist ein sehr komplexes Organ. Alles, was du über den Tag verteilt tust, ist dort einprogrammiert. Allerdings kannst du das System des Gehirns, welches wie ein Computer funktioniert, auch umprogrammieren. Somit kannst du auch immer neue Routinen einführen. Nach 3-6 Wochen haben sich diese in deinem Gehirn gespeichert und es wird ein Automatismus.

Erkenne Situationen, die dich Scheitern bringen können

Pläne haben die Angewohnheit nicht immer so zu funktionieren, wie du dir das vorgestellt hast. Es kann auch mit dem stärksten Willen der Welt passieren, dass du einmal scheiterst. Es ist nützlich, diese vorab zu erkennen und dann wenn möglich zu umgehen. Dadurch vermeidest du es, diese Enttäuschungen zu oft erleben zu müssen. Du solltest jedoch auch bedenken, dass dich jede Art von Scheitern deinem Ziel einen Schritt näher bringt.

Niemals aufgeben!

Scheitern kann jeder einmal, das ist menschlich. Jedoch solltest du niemals liegen bleiben. Du kannst jedoch nicht verlieren, wenn du dich nicht unterkriegen lässt und immer wieder aufstehst. Mit jedem gemachten Fehler wächst deine Persönlichkeit.

Pausen

Pausen sind auch für Ziele und Wünsche wichtig, denn damit kannst du deine Selbstdisziplin perfekt fördern, wenn du dir von Zeit zu Zeit einmal eine Auszeit gönnst. ein schlechtes Gewissen ist hier völlig fehl am Platze, denn jeder hat das Recht von Zeit zu Zeit die Füße hochzulegen. Nur auf diese Art und Weise kannst du auch mit neuem Schwung die Sache weiter verfolgen, die du gern machst.

Mach aus einem "Sollte" ein "Muss"

Du wirst erst langfristigen Erfolg in deinem Leben haben, wenn du das "sollte" zu einem "muss" machst. Mache dir einmal deine Vor- und Nachteile bewusst, wenn du nicht disziplinierter bist. Am besten machst du dies in schriftlicher Form.

2.11. Selbstdisziplin im Beruf - Die 4 Erfolgsregeln für mehr Hartnäckigkeit im Beruf und Alltag

Der Anfang und das Weitermachen sind gerade in Sachen Hartnäckigkeit sehr große Probleme. In schwierigen Situationen können dir diese vier Regeln eine große Hilfe sein.

1. Erfolgsregel: Selbstvertrauen

Vor allem die Überzeugung / Befürchtung etwas nicht oder nur fehlerhaft zu können, zu scheitern oder Angst vor der Blamage machen es dem Menschen besonders schwer, hartnäckig zu sein. Einzelne Unsicherheiten sind zwar normal, jedoch sollte sich das alles in einem gesunden Rahmen halten, den das Selbstbewusstsein vorgibt. Dadurch kannst du deine Stärken und Belastbarkeit richtig einschätzen und an deine Leistungsfähigkeit glauben.

Auf diese Weise kannst du dein Selbstvertrauen stärken
Denke positiv!

Der Mensch denkt eher an seine Misserfolge oder sieht seine Erfolge als ein reines Glück an. Es ist hilfreich an die Erfolge der Vergangenheit zu denken und die eigenen Erfolgsfaktoren zu analysieren.

Lerne auf die richtige "Art" zu scheitern
Es ist wichtig realistisch zu sein was den eigenen Erfolg angeht. Fehler und Enttäuschungen kannst du nur vermeiden, wenn du nichts tust. Positives Scheitern bedeutet, dass du akzeptierst, dass Misserfolge keine Niederlage sind, sondern zum Leben dazu gehören und dir die Chance bieten, dass du daraus lernen kannst.

Konzentriere dich auf deine Stärken
Schwächen hat jeder Mensch. Dabei hast du zwei Möglichkeiten, wie du mit ihnen umgehen kannst: Entweder du akzeptierst sie oder du änderst sie in etwas positives um.

Vermeide Perfektionismus
Es ist nicht möglich perfekt zu werden, daher versuche es auch gar nicht erst. Für dein Selbstvertrauen ist dies nämlich pures Gift.

Lasse dich nicht schon im Vorhinein verunsichern
In deinem Leben wirst du immer wieder Menschen begegnen, die ein Haar in der Suppe finden. Besserwisser, Nörgler und Innovationsbremsern kannst du nicht aus dem Weg gehen. Wenn die Kritik berechtigt ist, kannst du sie durchaus annehmen, wenn dir jemand damit aber nur Steine in den Weg legen will oder diese Argumente aus mangelndem verständnis anbringt, dann ignoriere es und verfolge deinen Weg weiter wie bisher.

Lerne "Nein" zu sagen
Deinen Standpunkt kannst du nur selbstbewusst vertreten und somit dein Anliegen zielstrebig verfolgen.

2. Erfolgsregel: Selbstdisziplin

Viele setzen Selbstdisziplin mit Spaßlosigkeit, Drill und Härte gleich. Es ist jedoch viel sinnvoller, den Blick auf die positiven Seiten dieser Fähigkeit zu werfen, statt sich von den negativen runterziehen zu lassen.

Für den Erfolg ist Selbstdisziplin viel wichtiger als Talent

Bei einer Untersucht von amerikanischen Psychologen Angela Duckworth und Martin Seligman haben diese Beiden diese Tatsache bei 164 Lebensläufen von Studenten herausgefunden. Mithilfe der Selbstdisziplin kannst du deine Ziele viel konsequenter verfolgen da du dich von Ängsten, Zweifel oder auch emotionalen Schwankungen von diesen nicht abbringen lässt.

Selbstdisziplin vs. Disziplin

Disziplin steht für das Befolgen von fremden Regeln und Vorschriften, die Selbstdisziplin für die Selbstregulierung. Somit bestimmt jeder Menschen mit Selbstdisziplin aktiv über sein eigenes Leben. Dadurch kannst du in schwierigen Situationen überlegt und kontrolliert handeln und reagieren.

3. Erfolgsregel- Ausdauer

Wer Geduld aufbringt, verfügt über den sprichwörtlichen “langen Atem” sich über einen notfalls langen Zeitraum einer Sache zu widmen, ohne daran je das Interesse zu verlieren. Bis man auf einem Gebiet herausragende Leistungen bringen kann, braucht es Experten nach 10 Jahre für Üben, Arbeiten, Lernen und Reflexion. Der Mensch ist jedoch so gepolt, dass er eher aufgibt, je länger etwas dauert. Die Gefahr steigt im Laufe der Zeit an seinen Zielen die Lust zu verlieren, sich ablenken zu lassen oder auch den Standpunkt auf andere Ziele zu verlagern.

Ausdauersport treiben

Beim Sport lernst du automatisch dich in Geduld zu üben und davon profitierst du in jeglichen Bereichen deines Lebens.

Entspannungstechniken erlernen
Mit diesen Techniken kannst du dir Kraftreserven anlegen. Diese sind nötig, um dich nicht von dem Verfolgen deiner Ziele ablenken zu lassen und durch "kleine Tiefs" zu kommen ohne die Fassung zu verlieren.

Den Alltag nutzen, um mehr Routine bei der Ausdauer zu erhalten
Dazu dienen Hobbys wie Angeln, Gärtnern oder auch Geduldsspiele.

Den Ausdauerwillen dosiert trainieren
Wer zu viel Enthusiasmus an den Tag legt, der wird zu viel Energie auf einmal verschwenden. Es ist sinnvoll, mit kleinen Aufgaben zu beginnen und sich im Schwierigkeitsgrad langsam zu steigern. Rückschläge solltest du dabei einplanen, denn so wirst du vor Enttäuschungen bewahrt.

4. Erfolgsregel- Selbstmotivation

Die Ausdauer hängt vor allem damit zusammen, wie gut du dich selbst motivieren kannst. Die Motivationspsychologie besagt, dass je stärker deine Motivation ist, desto größer ist auch deine Ausdauer. Menschen, die Erfolg in ihrem Leben als Erreichbar ansehen, legen viel mehr Ausdauer an den Tag als die Menschen, die mit dem Gegenteil rechnen.

2.12. Disziplin – der Schlüssel zu einem tollen Leben

Selbstdisziplin ist erlernbar und dadurch kannst du dein Leben bewusst steuern. Auf lange Sicht wirken nicht erledigte Sachen oder das Aufschieben solcher sehr frustrierend. Somit solltest du darauf achten, dass sich dies nicht in deinen Alltag einschleichen. Kommst du an dem Punkt, an dem du deine Früchte durch Erfolgserlebnisse ernten kannst, dann weißt du, dass sich die Mühe gelohnt hat Selbstdisziplin zu erlernen. Um dauerhaften Erfolg in Schule, Studium und Beruf zu haben, ist es unerlässlich Selbstdisziplin zu erlernen und aufzubringen.

2.13. Das Marshmallow-Experiment

Die amerikanische Stanford University hat 1970 das sogenannte Marshmallow Experiment an ausgewählten Kindern von 4-5 Jahren mit einem Marshmallow durchgeführt. Bei diesem Experiment wurden die Kinder vor die Wahl gestellt, ob sie den Marshmallow direkt essen möchten oder sich einige Minuten gedulden und dann noch einen Zweiten bekommen. Anschließend ließ der Betreuer die Kinder für ca. 15 Minuten alleine im Raum, eher er wieder hinein ging und die Kinder erlöste.

2.14. Ego-Depletion - Ist deine Willenskraft begrenzt?

Der US-Psychologe Roy Baumeister ist jedenfalls davon überzeugt, dass es sich bei der Willenskraft um eine begrenzte Ressource handelt, ähnlich wie bei einer Tankfüllung eines Autos. Ist die Willenskraft erst einmal aufgebraucht, wirst du nicht mehr in der Lage sein dich zusammenzureißen.

Die Sozialpsychologie nennt dieses Phänomen auch Ego - Depletion. Baumeister macht in den 90er Jahren diese

Entdeckungen bei einem Experiment. Dies gleicht dem bereits erwähnten Marshmallow Experiment.

2.15. Kritik an der Ego-Depletion

Wissenschaftlich ist die Hypothese der Ego-Depletion jedoch umstritten. Viele Kritiker haben im Laufe der vergangenen Jahre die Theorie vom Baumeister in Frage gestellt. Sie halten dagegen, dass Willenskraft keine endliche Ressource ist, sondern dass diese schier unerschöpflich ist.

In einem Artikel in dem Fachmagazin "Perspectives on Psychological Science" schreiben beispielsweise Michael Inzlicht von der Uni Toronto und Brandon Schmeichel von der Texas A&M Universität *"In den vergangenen Jahren sind zahlreiche Kritiker auf den Plan getreten, die Baumeisters Theorie in Frage stellen."*

Ihrer Meinung nach sind Willenskraft und Selbstbehauptung eine Einstellungssache und eine Frage der Motivation. Abhängig ist dies auch von anderen Faktoren, welche Schwere die zu bewältigende Aufgabe hat, auf das gegebene Feedback und die eigene Stimmungslage.

Dieser Einschätzung wurde in einer Untersuchung, welche im Juni 2016 erschienen ist, bestätigt.
Es wurde in dieser Studie versucht, das Ergebnis des Experiments von Baumeister noch einmal zu wiederholen. Dafür wurden in 24 Laboren 2.100 Probanden aus der ganzen Welt versammelt. Allerdings konnte das Ergebnis nicht noch einmal wiederholt werden.

Die wissenschaftliche Debatte ist damit zwar noch nicht beendet, denn alle Seiten rüsten auf und Baumeister will sein Lebenswerk noch nicht gänzlich abschreiben. Wäre die Willenskraft wirklich unendlich, wäre der Mensch in der

Lage, sie stetig zu trainieren und zu steigern. Jedoch hätte der Mensch dann keine Ausrede mehr, wenn er den angebotenen Versuchungen dann doch einmal erliegen würde.

2.16. Sei nachsichtig mit dir!

Dein Vorhaben in die Tat umzusetzen wird dir nicht immer gelingen, ganz gleich wie sehr du daran arbeitest. Dies kann viele Bereiche des Lebens betreffen. Du wirst dich nicht immer an alle Pläne halten können, die du dir vorgenommen hast. Oftmals stellt sich dann jedoch ein schlechtes Gewissen ein, die negativen Gedanken erhalten Einzug im Kopf und man beschimpft sich selbst sehr schnell als Versager.
Viele Menschen fangen an sich selbst runter zu machen, wenn sie mit ihrem Vorhaben scheitern. Doch es bringt dir absolut nichts, somit hör auf damit! Es tut dir selbst nicht gut und zeitgleich demotivierst du dich mit dieser Methode. Würdest du es zulassen, wenn dein bester Freund auf diese Weise mit dir reden würde? Wäre er dann noch dein bester Freund? Mit großer Wahrscheinlichkeit nicht. Daher hör auf, mit dir selbst so zu reden! Nehme dir vor, stets nachsichtig mit dir zu sein. Die Zeit, die du dadurch gewonnen hast, solltest du lieber für eine produktive Sache nutzen. Mache dir Gedanken, warum du etwas nicht gemacht oder geschafft hast und wie du es beim nächsten Mal anders machen kannst.

2.17. Selbstmotivation - wie bekommst du am besten emotionale Energie

Gerade beruflich erfolgreiche Menschen fühlen sich irgendwann ausgebrannt. Sie hetzen von einem Meeting zum nächsten, müssen Entscheidungen treffen und das E-

Mailfach quillt auch über. Außenstehende bekommen von dem emotionalen Krafttief oftmals wenig mit. Es sieht eher so aus, als wenn derjenige unendliche Quellen der Motivation und eine nie versiegende Kraftreserve hätte. Doch irgendwann wird der Punkt kommen, an dem sich die Motivation verflüchtigt. Fehlende Energie macht sich breit und viele fragen sich an dieser Stelle, wie sie weitermachen sollen.

2.18. Mit diesen 3 Schritten kannst du dich wieder selbst motivieren

Es gibt Möglichkeiten gegen die fehlende Selbstmotivation vorzugehen. Der Alltag mit Terminen und vielen wichtigen Themen ist oftmals einfach sehr gut gefüllt und da kann es passieren, dass sich die Motivation einfach mal aus dem Staub macht.

Halte inne und analysiere deine momentane Situation

Um dies zu tun, kannst du dir einmal folgende Fragen stellen:

- Was hat deine Motivation so vermindert?
- An welcher Stelle hast du aufkommende Warnsignale übersehen?
- Hast du genug Gestaltungsspielraum und Eigenverantwortung?
- Fühlst du dich in deiner Arbeit ausreichend wertgeschätzt?
- Gibt es Themen, die dich wütend, traurig oder ängstlich machen?

Es ist wichtig in dieser Situation ehrlich zu dir selbst zu sein und die vorhandene Situation genau zu analysieren. Aufgrund der Motivationsanalyse kannst du erkennen, ob es sich bei deinem Tief nur um einen vorübergehenden Zustand handelt oder ob es tiefliegendere Gründe dafür gibt.

Das JETZT minimieren

In der aktuellen Situation wirst du es schaffen, kraftvoll zu sein, jedoch nicht in der Vergangenheit. Denn dies lässt sich nicht ändern oder ungeschehen machen, du bekommst auch keine neue Kraft mithilfe der Vergangenheit. Ebenso verhält es sich mit der Zukunft. Gute Vorsätze werden dir deine Motivation auch nicht zurück bringen. Daher konzentriere dich auf die aktuelle Situation und mache dir klar, was dir helfen kann, wie du deine Lage verändern kannst und einen Weg findest, dich wieder selbst motivieren zu können.

"Deine Leine locker lassen"

Du kannst keine Motivation mit Druck erreichen. Im hektischen Alltag erwartet der Druck bei Führungskräften schon reichlich Stress. Nimm etwas Druck raus, wenn du vom Charakter her ein Typ bist der begeisterungsfähig und zupackend bist. Was damit gemeint ist: Lass dich auch einmal nicht von etwas derart begeistern, dass du es sofort durchziehen willst bzw. lass die anderen zupacken und entspanne dich. Dadurch kannst du dich dann auf die anstehenden Aufgaben konzentrieren.

Stelle dir dazu Fragen wie:

- Kannst du bevorstehende Aufgaben streichen?
- Kannst du von deinen Aufgaben welche abgeben und diese von anderen erledigen lassen?
- Gibt es Tätigkeiten, die du verschieben kannst?
- Wie kannst du frische Energie auftanken und deine Batterien wieder aufladen?

2.19. Sei realistisch

Suche nach Möglichkeiten in deiner aktuellen Situation und lerne diese realistisch einzuschätzen. Die Vergangenheit ist kein guter Anhaltspunkt um dich zu motivieren, sondern analysiere dein derzeitiges Energielevel.

2.20. Aufgaben in Teilbereiche unterteilen

Die vor dir liegenden Aufgaben und anstehenden Termine können ein sehr großen Druck aufbauen und somit zu einem Motivationstief führen können. Viele Menschen merken an dieser Stelle auch, dass die eigene Kraft nicht ausreicht und somit entsteht ein großer Unmut. Schaue dir die Gesamtaufgabe an und zerlege diese dann in kleinere Etappenziele.

2.21. Lecks für deine emotionale Energie

Bei einigen Studien, die die amerikanische Psychotherapeutin Mira Kirshenbaum gemacht hat zur fehlenden Selbstmotivation, stellte sich heraus, dass dies in westlichen Ländern zu einem wahren Problem geworden ist. Viele Ärzte greifen auf Antidepressiva zurück, wenn alle körperlichen Ursachen ausgeschlossen wurden. Doch mit diesen Medikamenten wird den Menschen das letzte bisschen Energie noch genommen. Selten helfen Sport oder eine gesunde Ernährung. Es ist eher ein seelischer Energieverlust, als ein körperlicher. Bei ihren Untersuchungen stellte Kirshbaum fest, dass 70% der inneren Energie seelischer Natur sind, die sich in Leidenschaft, Freude, Hoffnung und Enthusiasmus äußern. Um deine emotionale Energie wiederzugewinnen, musst du deine Energielecks herausfinden und Aktivitäten, die deine emotionale Energie wieder auffüllen. Die typischen Energie- und Selbstmotivationsräuber sind:

Überfüllung

Der Alltag ist oftmals mit Pflichten und Zuständigkeiten ausgefüllt, die du stets mit Hingabe und Aufmerksamkeit ausführen solltest. Da die seelische Energie fehlt, essen viele Menschen, dadurch gewinnen sie zwar keine Motivation, allerdings Gewicht.
Es ist sinnvoller, von Menschen Anerkennung anzunehmen, ganz gleich, ob es sich dabei um Taten, Worte oder Gesten handelt.

Neid

Neidgefühle anderer Menschen sind in den seltensten Fällen direkt zu spüren. Es kann jedoch vorkommen, dass der Erfolg oder auch die scheinbar unerschöpflichen Kraftquellen dieser Menschen dich selbst traurig macht. Dadurch kann es vorkommen, dass du diesen Menschen nur für dich, oder auch bei anderen schlecht machst. Doch nur Verlierertypen vergleichen sich. Mache dir bewusst, was du gut kannst und welche Ziele du schon alle erreicht hast.

Sorgen

Machst du dir Sorgen, macht es den Eindruck, als wenn du dich über ein Thema aufregst. Allerdings sind das Selbstzweifel. Du wartest dabei unbewusst auf die Hilfe von außen, allerdings will einem keinem helfen, der jammert. Du wartest auf Ideen, doch bedenke, dass du dafür Energie brauchst, doch diese wird aufgrund der Sorgen aufgebraucht.
Stagniere nicht, sondern beschäftige dich.

Unerledigtes

Verschobene Entscheidungen, unerfüllte Versprechungen und halbfertige Projekte sind oftmals genau die Dinge, die deine emotionale Energie und Selbstmotivation auffressen. Dadurch entwickelst du dann neue Pläne, die du ebenfalls nicht erreichen kannst, weil es einfach unmöglich ist. Es ist hilfreich, dann die Dinge einmal ganz ruhen zu lassen, abzusagen und in den meisten Fällen ist es gar nicht so schlimm wie zu Anfang befürchtet. Anschließend fühlst du dich oft emotional energiegeladener, du kannst aufatmen und gewinnst wieder innere Freiheit.

Verlorenes

Oftmals trauern wir Menschen oder einer verpassten Gelegenheit nach und merken dabei gar nicht, dass dich dies noch weiter runter zieht. Kummer kommt auf und du versuchst diesen runter zu schlucken. Doch er kommt immer wieder, sobald du nicht dran denkst.
Gestatte dir zu Trauern, zu weinen und dich zu ärgern. schreibe alles auf einen Zettel, zerknüddel und verbrenne ihn anschließend.

Erwartungen

Bei den Erwartungen ist es oftmals so, dass jemand mit einem Problem zu dir kommt und du versuchst es für ihn zu lösen. Dabei hat eine Umverteilung des Problems stattgefunden. Statt das du Dankbarkeit erhältst seitens des Betroffenen, hat dieser jedoch beim nächsten Problem noch höhere Erwartungen an dich. Dadurch eignest du dir an, immer hilfsbereiter und verständnisvoller zu werden, in der Hoffnung, dass andere Menschen dies eines Tages zu würdigen wissen. Das werden sie aber nicht. Dadurch ist es sinnvoller, die Erwartungen anderer nicht zu erfüllen, denn es sind nicht deine eigenen. Im schlimmsten Fall ist der andere von dir enttäuscht, aber du hast deine Freiheit zurückgewonnen.

Schuldgefühle

Schuldgefühle sind eine sehr schwierige Sache. Doch Kirschbaum hat dazu eine sehr witzige und effektive Art und Weise gefunden, dieses Problem zu lösen. Fühlst du dich wegen einer Sache schlecht, hast etwas getan oder unterlassen, dann stelle dich selbst imaginär vor Gericht.

Hierbei kannst du dich anklagen und verteidigen, laut oder schriftlich. Dabei kannst du alle Argumente und Gegenargumente vorbringen und anschließend dann das Urteil sprechen. Bist du unschuldige, dann ist es erledigt, bist du schuldig, dann überlege dir eine Strafe.

2.22. Selbstdisziplin - der Schlüssel für ein erfolgreiches Leben

Viele Menschen besitzen leider eine sehr schwach ausgeprägte Selbstdisziplin. Dies ist noch viel bedauerlicher.
Doch warum ist Selbstdisziplin überhaupt so wichtig im Leben?

- Der berufliche Erfolg hängt mit einer einzigen Fähigkeit zusammen: Selbstdisziplin
- Die Lebenszufriedenheit hängt von nur zwei Faktoren ab, eine davon ist Selbstdisziplin
- Viele persönliche und gesellschaftliche Probleme hängen mit mangelnder Selbstdisziplin zusammen
- Menschen mit Selbstdisziplin führen bessere Beziehungen zu anderen Menschen
- Selbstdisziplin ist eine wichtige Voraussetzung für die bewusste Persönlichkeitsentwicklung

Mit einer **verbesserten Selbstdisziplin** würden viele **Vorteile** für dich entstehen:

- Mehr Erfolg in der Schule, dem Studium oder dem Beruf
- Mehr Lebenszufriedenheit
- bessere Problemlösungskompetenz
- bessere soziale Beziehungen

Deine Selbstdisziplin kannst du trainieren. Wenn du strategisch dabei vorgehst, kannst du auch mit recht wenig Willenskraft sehr diszipliniert werden.

2.23. Diszipliniert sein muss nicht schwer sein

Du verfügst über Selbstdisziplin, wenn du deine Willenskraft zielführend einsetzen kannst. Um noch einmal das Beispiel von gerade aufzugreifen, du bist diszipliniert, wenn du es schaffst dich von den sozialen Netzwerken fernzuhalten, wenn du an deinem Computer arbeiten möchtest. Es ist dabei irrelevant, wie sehr du dich dafür anstrengen musst.
Der Einsatz deiner Willenskraft ist nicht die einzige Möglichkeit, wie du Selbstdisziplin an den Tag legen kannst. Die Willenskraft trägt lediglich zur Selbstdisziplin bei. Um es dir einfacher zu machen könntest du deine Internetverbindung kappen oder dir eine spezielle Software auf den Computer laden, um die sozialen Netzwerke in der Zeit zu blockieren, in der du arbeiten möchtest.

2.24. Fazit zur Selbstdisziplin

Mit der Fähigkeit zur Selbstdisziplin sehen Forscher aufgrund mehrerer Studien einen großen Zusammenhang für ein erfolgreiches Leben. Hast du das Ziel dir deine Lebensträume zu verwirklichen, wirst du dafür viel Selbstdisziplin aufbringen müssen.
Jeder Mensch kann diese Fähigkeit erlernen. Dazu gilt es, den Muskel der Selbstdisziplin zu trainieren und diszipliniert zu handeln.

3. Die Wechselwirkung zwischen Willenskraft und Selbstdisziplin

Viele Menschen ist der Unterschied zwischen Willenskraft und Selbstdisziplin nicht bekannt. Daher wäre es auch nicht verwunderlich, wenn auch du diesen Unterschied nicht kennst. Aufgrund dessen möchte ich beide Begriffe einmal genau erläutern.

3.1. Was genau ist Willenskraft?

Die Willenskraft kannst du als eine Art von Energie oder Kraft betrachten, die sich Hindernissen in den Weg stellt, um das gewünschte Ziel zu erreichen.
Um dies einmal anhand eines Beispiels zu verdeutlichen, du möchtest an deinem Computer arbeiten. Du lässt dich jedoch sehr leicht von den sozialen Medien wie Facebook, Instagram und Co ablenken. Jedoch sind diese nun tabu.
Je nachdem wie stark du jedoch für gewöhnlich die sozialen Netzwerke nutzt, stellt diese Aufgabe entweder eine sehr hohe oder sehr niedrige Anforderung an deine Willenskraft dar.

3.2. Die verschiedenen Aufgaben der Willenskraft

Oftmals haben wir ein völlig falsches Bild von der Willenskraft im Kopf. Denn diese wird nicht genutzt, um mit dem Kopf durch die Wände zu gehen. Dies ist dann Sturheit.
Die Willenskraft ist vor allem dafür da, die Vorhaben, die du dir vorgenommen hast, auch gegen den Widerstand interner oder äußerer Einflüsse durchzusetzen.

*Für diese **vier Aufgaben** nutzen wir unsere Willenskraft:*

- Kontrolle der eigenen Gedanken
- Impulskontrolle (Gelüste widerstehen)
- Affektregulation (nicht streiten, obwohl man es gerne tun würde)
- Leistungskontrolle (eine Aufgabe zu Ende bringen, auch wenn du keine Lust mehr dazu hast)

Von den vielen Stunden, mit denen wir den Tag verbringen, verbringen wir durchschnittlich drei bis vier Stunden damit, uns von irgendwelchen Versuchung abzuhalten.

"Wir verbinden das Wort Willenskraft mit einmaligen Heldentaten. Das ist weit von der Realität entfernt." (Roy Baumeister)

3.3. Was macht erfolgreiche Menschen so besonders?

Oftmals kommt die Frage auf, ob disziplinierte Menschen eine besonders starke Willenskraft aufweisen. Nein, das tun sie nicht. Gerade die Selbstdisziplin sorgt bei diesen Menschen dafür, dass sie sehr wenig Willenskraft aufbrauchen, um diszipliniert zu sein. Sie verlassen sich nicht auf ihre Willenskraft. Sie vermeiden Versuchungen ausgesetzt zu sein. Kein Mensch würde eine Diät durchzustehen, wenn die Schränke voller Süßigkeiten sind, die er bevorzugt. Über dieses Wissen verfügen disziplinierte Menschen und sorgen dann entsprechend vor.

3.4. Was für eine Rolle spielt hier die Willenskraft?

Wenn das eigene Handeln vom gewohnten Handeln abweichen soll, ist Willenskraft durchaus sehr wichtig. Daher spielt sie auch dort immer eine Rolle. Hast du dir beispielsweise vorgenommen deine schlechte

Angewohnheit aufzugeben und nicht abends Stunden vor dem Fernseher zu sitzen und stattdessen ein Buch zu lesen, dann brauchst du Willenskraft, um dieses Vorhaben auch in die Tat umsetzen zu können.

3.5. Willenskraft – die unerschöpfliche Ressource?

Neueste Erkenntnisse über die Willenskraft haben gezeigt, dass diese vom Blutzuckerspiegel abhängt. Die Willenskraft ist nur dann stark genug, wenn der Blutzuckerspiegel hoch genug ist, um gegen die eigene Gewohnheit angehen zu können. Sowohl die Willenskraft, wie auch die Konzentrationsfähigkeit ziehen beide ihre Energie aus dieser begrenzten Energiequelle. Verschwendest du das eine, dann wirst du auch das andere zwangsläufig verschwenden. Trainierst du das eine, trainierst du auch zwangsläufig das andere mit.Doch anders als du nun vielleicht denkst, bedeutet dieses nicht, dass du dich nun mit Zucker vollstopfen solltest. Eher das Gegenteil ist an dieser Stelle der Fall. Du benötigst einen konstanten Blutzuckerspiegel. Diesen erreichst du jedoch lediglich durch eine ausgewogene Ernährung und nicht durch den übermäßigen Konsum von Zucker.
Um es dir einfacher zu machen, kannst du deine Willenskraft erst einmal in einem bestimmten Lebensbereich trainieren, bevor du diese dann in vielen anderen Lebensbereichen einsetzen kannst. Es gibt jedoch nicht nur diese eine Übung, um deine Willenskraft zu verbessern, sondern du kannst deine Disziplin ebenso trainieren, indem du sparsamer mit deiner vorhandenen Willenskraft umgehst und zudem noch Maßnahmen ergreifst, um dich vor den Auswirkungen von einer erschöpften Willenskraft zu schützen.

Bist du der Meinung, dass deine Willenskraft nicht stark genug ist, dann gilt es herauszufinden, wofür du diese überhaupt einsetzen möchtest. Gibt es ein sozusagen des Willenskraft-Leck in deinem Leben? Forderst du vielleicht zu viel von deiner Willenskraft?

3.6. Was passiert, wenn der Tank leer ist?

Die Willenskraft kann bei einer intensiven Beanspruchung genauso erschöpfen wie ein Muskel in deinem Körper. Nutzt du deine Willenskraft am frühen Tag beispielsweise sehr intensiv, so wird es über den späteren Tag nicht mehr so gut funktionieren sie anzuwenden wie noch am Morgen.

Wenn du im Job beispielsweise viel deine Willenskraft tagsüber beanspruchen musst, wirst du am Abend keine Willenskraft mehr übrighaben, um beispielsweise gewohntes Handeln zu unterbinden – wie beispielsweise dich mit den Chips auf die Couch zu werfen, statt einen Spaziergang gegen den Hunger zu machen.
Oder möchtest du das Fernsehen gucken am Abend im Bett unterbinden?Dann ist es einfacher den Fernseher aus dem Schlafzimmer zu entfernen, als diesen dort stehen zu lassen und immer wieder auf deine Willenskraft zurückgreifen zu müssen.

Taktisch ist dies eine sehr sinnvolle Maßnahme, vielleicht sogar die Einzige, die in diesem Moment auch wirklich funktionieren wird. Am Abend ist die Willenskraft einfach erschöpft. So wird es dir auch nichts bringen, dir am Morgen vorzunehmen am Abend kein TV zu gucken, wenn du am Abend völlig erschöpft bist und gegen diesen Drang nicht vorgehen kannst.

Das größte Problem bei dieser Sichtweise besteht darin, dass du dir bei einem voll aufgeladenen Willenskraft-Akku nicht vorstellen kannst, dass dieser Akku am Abend leer ist und du dann einfach keine Kraft mehr haben wirst, gegen den Drang anzugehen. In diesem Fall spricht man von einer Empathie-Lücke.

Um die Willenskraft nachweislich zu trainieren, nennt Baumeister zwei Übungen:

- Bemühe dich stets eine aktive, aufrechte Körperhaltung einzuhalten
- Bemühe dich steht, klare Sätze ohne ähm, öhm und so weiter zu formulieren

Deine Willenskraft kannst du trainieren, indem du bewusst gegen dein gewohntes Handeln vorgehst und diese dafür einsetzt.

Ein oft unterschätzter Aspekt der Selbstdisziplin – Selbstwert/Selbstbewusstsein

Die Erziehung in der Kindheit spielt bei dem Selbstwertgefühl eine sehr entscheidende Rolle. Es gibt einige wichtige Faktoren für diese Fähigkeit. Du hast jederzeit die Möglichkeit, dein gewünschtes Selbstbewusstsein, Selbstvertrauen und Selbstwertgefühl aufzubauen, auch wenn deine Eltern dir das nicht mitgeben konnten. Viele Menschen gehen davon aus, dass ein starkes Selbstwertgefühl mit anderen Faktoren eng verbunden ist wie schulische Leistungen, dem Aussehen, der Beliebtheit bei anderen Menschen, der Konfliktfähigkeit und der Selbstbehauptung gegenüber den Gemeinheiten anderer Menschen. Allerdings deuten aktuelle Studien nicht darauf hin. Allerdings gibt es einen Zusammenhang zwischen einem höheren Selbstwertgefühl und mehr Glück und Zufriedenheit.

Der Psychologe Nathaniel Branden sagt, dass diese 6 Säulen für das Selbstwertgefühl essentiell sind:

- Selbstannahme
- Selbstsicheres Behaupten der eigenen Person
- Persönliche Integrität
- Bewusstes Leben
- Eigenverantwortliches Leben
- Zielgerichtetes Leben

Warum haben dann viele Menschen so ein Problem mit ihrem Selbstwertgefühl?

3.7. Das Selbstbewusstsein – was ist das?

Viele Menschen sprechen von einem starken Selbstbewusstsein, dabei wissen sie oftmals gar nicht, was genau damit gemeint ist. Im Duden finden sich dafür zwei Definitionen:

Selbstbewusstsein ist...
1. das Bewusstsein eines Menschen von sich Selbst als denkendes, fühlendes Wesen
2. die Überzeugtheit in die eigene Person und die eigenen Fähigkeiten

Wenn man dies einmal übersetzt, bedeutet Selbstbewusstsein nichts anderes, welche Eigenschaften, Stärken und Schwächen jeden Menschen auszeichnen. Akzeptiere dich so, wie du bist und sei dir deiner eigenen, persönlichen Geschichte bewusst. Mache dir bewusst, an welchen Eigenschaften du noch arbeiten musst (Schwächen), aber mache dir auch deine Einzigartigkeit (Stärken) bewusst.
Ebenso bedeutet es, dass du an dich selbst glauben und von dir selbst überzeugt sein sollst. Akzeptiere sowohl deine Stärken, aber auch deine Schwächen.

3.8. Wie macht sich Selbstbewusstsein im Alltag bemerkbar?

Manche Menschen machen Selbstbewusstsein am Reichtum fest oder definieren es über Erfolg, gutes Aussehen, die Anzahl von Freunden und Statussymbole. Andere machen es am Charakter fest. Diejenigen, die nie Schwäche und Emotionen zeigen, die kein „Tief“ im Leben kennen und chronisch gut gelaunt sind, definieren darüber ihr Selbstbewusstsein.

Diese Betrachtungsweisen sind jedoch sehr oberflächlich und haben mit dem Selbstbewusstsein überhaupt nichts zu tun. Die wenigsten Menschen geben sich wirklich so, wie sie sind. Viele in unserer Gesellschaft versuchen einfach den Schein zu wahren, ganz gleich, in welcher Lebenssituation. Ihr Motto ist: Niemals Schwäche zeigen, immer gut drauf sein. Der Mensch neigt dazu sich Illusionen hinzugeben und sich durch den äußeren Schein der Anderen blenden zu lassen.

Wenn ich dir nun sage, dass kein Mensch permanent gut drauf sein kann, erzähle ich dir wohl nichts Neues. Menschen ohne Schwächen gibt es nicht und Perfektion erst recht nicht. Viele versuchen lediglich mit viel Geld oder einem protzigen Auftreten etwas zu kompensieren, in aller Regel ist dies ein niedriges Selbstbewusstsein.

Mit Erfolg, Geld, der Anzahl von Freunden oder Äußerlichkeiten lässt sich kein Selbstbewusstsein erzielen oder definieren. Ebenso wenig kannst du dies durch materielle oder äußere Umstände erreichen.

3.9. Mangelnde Selbstdisziplin bedeutet Fremdbestimmung

Das Wort für Selbstdisziplin in der griechischen Philosophie lautet "Enkrateia". Dies ist die Bezeichnung für das Ideal eines Menschen, der seine Freiheit für die Entwicklung eines selbstbestimmten, tugendhaften Lebens verwendet. Aufgrund der Selbstbestimmung hast du dann die Macht, deinen persönlichen Erfolg zu erzielen.

Die meisten Menschen leben jedoch in erster Linie nach der Diktatur ihres Körpers. Ihr Körper diktiert ihnen, ob sie schlafen oder essen müssen. Dadurch sind auch ungesunde Gelüste oftmals viel näher, als du dieses möchtest. Du weißt, dass der Genuss dieser Nahrungsmittel für dein gesundes Körpergewicht nicht gut ist, doch du isst es trotzdem.
Für ihre Studiengänge brauchen die meisten Studenten viel länger als sie beabsichtigt haben oder als es der Regelzeit entspräche, da ihnen die Selbstdisziplin zum Lernen fehlt. Der Körper bzw. Geist diktiert, dass sie auf die nächste Party und Leben sollten, denn das Leben ist viel zu kurz. Dabei ist es vollkommen egal, ob es sinnvoller ist die Zeit über Fachbüchern oder in die Bibliothek zu verbringen.

Schnell wirst du festgestellt haben, dass diese Lebensphilosophie nichts anderes ist als eine Knechtschaft deiner leiblichen Begierden. Du bist der Sklave deines Körpers mit allen negativen Folgen.

Neu ist dieses Wissen keineswegs, denn bereits im Alten Testament lautet ein Spruch: "Wer sich nicht beherrschen kann, ist so schutzlos wie eine Stadt ohne Mauern" (Sprüche 25, 28). Viele Menschen wissen das ihnen die benötigte Selbstdisziplin fehlt und sie leiden darunter, denn oftmals ist diese der Grund für Misserfolg und

Unzufriedenheit im Leben. Dies ist auch immer wieder ein Thema von Coachings.

3.10. Selbstdisziplin bringt echte Freiheit

Mit der Selbstdisziplin verhält es sich ähnlich, wie mit den Leitplanken auf der Autobahn. Diese sollen dich nicht einengen, sondern zu deinem Schutz da sein um dir so eine viel größere und sichere Freiheit zu ermöglichen. Sei überzeugt von dem was du bist und was dir wirklich guttut. Dein Ziel sollte es sein, nicht kurzfristigen Spaß zu erreichen, sondern mittel - und langfristig gesehen die wirklich nützlichen und nachhaltigen Ziele in deinem Leben zu verfolgen. Einen tieferen Sinn bieten selbstauferlegte Regeln und Vorschriften bei dem Erreichen deiner Lebensziele und sind keine Spaßbremsen oder Spielverderber.

3.11. Wofür Selbstdisziplin wichtig ist

Es handelt sich um reines Wunschdenken, wenn Menschen erfolgreich sein wollen, aber dafür nichts tun möchten. Erfolg ist immer mit Anstrengungen und Entbehrungen verbunden. Dabei ist es gleich, ob es um Studium geht, das Erlernen eines Instruments oder die Aneignung bestimmter Fähigkeiten. Du wirst keinen Erfolg erzielen ohne die benötigte Selbstdisziplin. Selbstdisziplin und hartnäckiges Dranbleiben zahlen sich somit im Endeffekt doppelt aus. Auf dem ersten Blick ist es Anstrengung und Mühe, unterm Strich jedoch viel weniger persönlicher Einsatz und Kraft, als es ständige Halbheiten erfordern würden. Es bringt nichts Aufgaben endlos vor sich her zu schieben. Jeder Arbeit, die du mehrfach anfassen musst, kostet auch mehrfach Zeit, ist also vergeudete Lebenszeit, die du nie wieder bekommst. Denn in Sachen Lebenszeit ist weg weg.

In den meisten Fällen führt der Weg zum Ziel über die Selbstdisziplin. Sie ist sozusagen der Motor des Erfolgs und daher solltest du dir diese Aneignung, wenn du erfolgreich sein möchtest. Ein vorübergehender Verzicht auf Freizeit, Spaß und auf Genuss wird sich langfristig auszahlen. Es ist zunächst wichtig dich selbst gut kennenzulernen, deine Schwächen zu akzeptieren. Die wichtigsten Regeln der Selbstdisziplin solltest du dir so früh wie möglich aneignen. Mache dir deine Ziele bewusst und skizziere dir am besten den Weg dorthin. Viele haben gerade zu Beginn des Prozesses Probleme die eingesetzten Maßstäbe in Sachen Selbstdisziplin zu erfüllen. Sehe dies nicht als Versagen an, sondern als Lehrer es beim nächsten Mal besser zu machen. Wenn du erfolgreich sein möchtest, dann gehören Selbstdisziplin und Sorgfalt zusammen. Leonardo schrieb schon vor 500 Jahren dazu, dass du eher Sorgfalt lernen solltest, als die Fertigkeiten selbst.

3.12. Wie du Selbstdisziplin erlangen kannst

Fehlende oder schwach ausgeprägte Selbstdisziplin macht sich häufig dadurch bemerkbar, dass sich diese Menschen sehr leicht ablenken lassen und ihre Meinung stets nach dem richten, was in diesem Moment gerade der gesellschaftliche Konsens ist. Oftmals leiden diese auch an plötzlich auftretenden Stimmungsschwankungen, die von absoluter Lustlosigkeit bis zur übersteigenden Euphorie ausreichen.
Bist du dir im Klaren darüber was du möchtest, wird vieles sehr viel leichter und verzichtbarer. Gerade Menschen die das nicht wissen, treten diese oft auf der Stelle, fangen permanent ständig etwas neu an und führen nichts zu Ende.

Gewöhne dir folgende Dinge an, wenn du an deiner Selbstdisziplin arbeiten möchtest:

- Strukturiere und Teile deine Tage gut ein. Stehe früh auf und nimm dir vor, wirklich das zu schaffen, was auf deiner Liste für den aktuellen Tag steht.
- Eine tägliche schriftliche To-Do-Liste zu erstellen ist hilfreich und diese solltest du auch abarbeiten.
- Dran bleiben heißt die Devise. Das Ziel stets im Auge behalten und daran weiterarbeiten, selbst dann wenn dir die Motivation einmal fehlt.
- Nein sagen zu lernen ist sehr wichtig. Permanente Erreichbarkeit und oder durch eigene Gelüste und Begierde solltest du dich nicht ablenken lassen.
- Zum Arbeiten am Schreibtisch kann Sport ein sehr guter Ausgleich sein. Achte daher auf deine Gesundheit und Fitness.
- Die Ruhezeiten solltest du einhalten und somit auch am 7. Tag keine Arbeit verrichten. So kannst du dich vor dem Burn-out-Syndrom schützen. Der Genuss hat dann an solchen Ruhetagen auch wieder deutlich mehr Raum.

3.13. Stärke deinen Selbstwert und deine Selbstdisziplin

Viele nehmen sich vor nach der Arbeit noch zum Sport zu gehen. Doch meistens kommt dieser Entschluss ins Wanken, sobald du abends nach Hause kommst, erschöpft und müde bist und die Couch eigentlich viel verlockender aussieht als der Weg ins Fitnessstudio. Nun auch noch zum Sport zu gehen, erfordert eine große Portion Selbstdisziplin. Für jeden Menschen ist diese Herausforderung gleich. Du bist weder faul, noch unmotiviert, wenn du solche Gedanken hast. Lediglich deine Persönlichkeit ist es, die dich ausbremst und die kannst du nicht ändern. Für viele Menschen ist der Weg nach der Arbeit verlockender zur Couch als ins Fitnessstudio.

Es gibt zwei Sorten Menschen, diese unterscheiden sich zwischen erfolgreich und nicht erfolgreich. Der erfolgreicher Mensch geht aber auch, wenn er keine Lust hat. Die Entscheidung fällt proaktiv, da diese Menschen sich bewusst sind, dass sie sich nach dem Sport einfach besser fühlen werden.

3.14. Verbanne reaktive Gedanken und Sätze ab sofort aus deinem Wortschatz

Sätze die mit "Ich kann nicht..." oder "Ich muss..." anfangen, sind demotivierend. Reaktive Sprache wie beispielsweise "Ich sollte..." sind ebenfalls nicht förderlich. Entscheide nicht mit deinen Gefühlen über die jeweilige Situation, sondern rational. Dadurch wirst du zeitgleich über die positiven Folgen deines Handelns nachdenken. Du wirst immer Gründe finden etwas nicht tun zu müssen, wenn du nur lang genug danach suchst. Es macht keinen Sinn dich zu etwas zu zwingen. Ändere daher deine innere Einstellung, um Gedanken zu vermeiden in denen du etwas machen "musst".

3.15. Gewöhne dir eine proaktive Sprache an

Anstrengende Dinge möchte auch proaktive Menschen nicht gern tun, allerdings machen diese es trotzdem. Sie haben einen bestehenden Wortschatz der Sätze beinhaltet wie "Ich kann..." und "Ich werde...", dies liegt daran, dass sie jedoch auch wissen, dass niemand sie zu diesen Taten zwingt. Diese Menschen treffen selbstbestimmt und aktiv ihre Entscheidungen, die sie beabsichtigen zu tun. Eine proaktive Sprache ist für das Erlernen von Selbstdisziplin wichtig. Diese verinnerlichst du am besten.

3.16. Übernehme Verantwortung für dein eigenes Leben

Ob du Erfolg hast oder nicht liegt ganz alleine in deiner Hand. Natürlich spielen auch immer äußere Umstände und ein wenig auch das Talent eine Rolle, allerdings macht den großen und entscheidenden Unterschied in den meisten Fällen die Selbstdisziplin. Bedenke das da draußen tausende von Menschen sind, die ebenfalls genauso eine Begabung und/oder Leidenschaft haben wie du. Die einen sitzen jeden Tag zu Hause auf der Couch und ärgern sich, dass ihr Erfolg nicht von alleine kommt und die anderen arbeiten jeden Tag mit Selbstdisziplin daran ihre Leidenschaft in den gewünschten Erfolg umwandeln.

3.17. Du bist stärker als du denkst

Viele haben das Gefühl keine Selbstdisziplin zu besitzen und dieses nagt an ihrem Selbstbewusstsein, ebenso wie an ihrem Selbstwert. Mach dir bitte klar, dass du schon einen großen Teil des Tages mit viel Selbstdisziplin agierst. Wenn der Wecker klingelt, stehst du morgens auf, jeden Tag putzt du dir die Zähne, du gehst zur Arbeit, du kochst dir etwas zu essen, du sorgst für dich indem du zum Arzt gehst, Sport macht und Freunde triffst. Du tust bereits täglich sehr viele Dinge für deine Selbstdisziplin. Somit ist sie also schon vorhanden, dies musst du dir nur klar machen.

Wann genau agierst du selbst diszipliniert

- Du gehst deiner Leidenschaft nach (z.B. Hobbies oder bestenfalls auch im Job)
- Dir macht etwas Spaß (z.B. Freunde treffen, kreativ sein)
- Etwas hat einen positiven Effekt (z.B. Befriedigung von Bedürfnissen, gesundheitliche Vorsorge, finanzieller Erfolg)

- Du bist etwas gewöhnt (z.B. Arbeitsbeginn zu einer bestimmten Uhrzeit)

Oftmals merkst du gar nicht, dass du selbst diszipliniert bist. Dabei agierst du schon so, wenn du auch nur einen dieser Gründe eintritt. Versuche dein Handeln auf diese Bereiche zu lenken, denn genau an dieser Stelle liegt die Kraft. Machst du dir einmal bewusst in welchen Situationen du keine Selbstdisziplin an den Tag legst, dann wird sehr schnell auffallen, dass es mindestens eine oder alle der oben genannten Bereiche betrifft. Du wirst keine Selbstdisziplin für Dinge an den Tag legen, die dir keinen Spaß machen oder in denen du keinen Sinn siehst. Da bist du keine Ausnahme, denn fast jedem Menschen würde es so gehen. Somit mache dir einmal ganz klar, warum Du etwas tust und welchen Sinn es dann hat. Findest du den Sinn in den Dingen und kannst die Ziele für dich selbst formulieren, werden dir diese Sachen auch Spaß machen.

Damit du besser verstehst, was gemeint ist, gebe ich dir einmal zwei Beispiele. Fällt es dir leichter im Fitnessstudio dein Sportprogramm mit Freunden und der entsprechenden Unterhaltung durch zu ziehen, damit du dich besser motivieren kann, dann ist es sinnvoll, dass Unangenehme mit den Angenehmen zu verbinden.
Dieses Beispiel lässt sich auch auf die Arbeitsmotivation übertragen. Kannst du in einem produktiven Umfeld besser arbeiten, kannst du dich entweder in einem Co-Working-Space einmieten oder mit deinem Laptop in ein Café gehen. Um dich nicht jedes Mal von Neuem motivieren zu müssen, ist es sinnvoll, dir eine Routine anzugewöhnen. Auf lange Sicht wird dir das Gefühl, etwas geschafft zu haben, den gewünschten Erfolg bringen. Dadurch kannst du deine Selbstdisziplin trainieren und zeitgleich stärkst du dein Selbstbewusstsein.

3.18. 10 Tipps für maximale Selbstdisziplin

Routine

Sobald du dir eine Routine angewöhnt hast, fallen dir die Dinge viel leichter, die dir vorab schwer gefallen sind. Verbinde neue Gewohnheiten am besten mit alten Gewohnheiten, um dir diese so schnell wie möglich anzugewöhnen. Hast du das Ziel mehr Obst zu essen, dann esse zu jedem Stück Schokolade auch ein Stück Obst. Hast du das Ziel eine Fremdsprache zu lernen, ist es hilfreich, jeden Abend beim Zähneputzen 3 neue Vokabeln zu lernen. Wenn du fitter werden möchtest, nehmen einfach die Treppe, anstatt den Aufzug und bevor du das Haus verlässt kannst du jedes Mal 3 Kniebeugen vor der Tür machen. Im ersten Moment klingt dieses komisch, doch du wirst dich im Laufe der Zeit daran gewöhnen und es wird dich keine Überwindung mehr kosten.

Klein anfangen

Viele denken nun all die kleinen Dinge, die ich gerade aufgezählt habe, würden keine große Wirkung haben. Die Wahrheit ist jedoch, dass diese wider Erwarten sehr viel bringen. Wichtig ist an dieser Stelle dir nicht zu viel vorzunehmen, sondern deine Disziplin langsam zu steigern. Du wirst automatisch motivierter werden, sobald sich die ersten Erfolge einstellen und du kannst dich dann immer weiter steigern.

Zielsetzung

Hast du ein Ziel vor Augen, wird deine Motivation auch entsprechend ansteigen. Entscheidest du dich für sinnlose Aufgaben, wird auch keine Selbstdisziplin aufkommen. Somit solltest du das große Ziel immer im Blick behalten und dir auch klar machen, dass auf dem Weg zum Ziel einige Steine auf dich warten werden. Dein Ziel rückt mit jedem Fortschritt immer näher, jedes noch so kleinen Hindernis, dass du aus dem Weg geräumt hast, wird dich stärken. Deine Motivation kannst du verinnerlichen, wenn du dir jeden Tag aufs Neue klar machst, wofür du all diese Dinge tust.

Finde deinen Rhythmus

Menschen lassen sich gut in zwei Arten bei dem Rhythmus unterteilen. Die einen sind Frühaufsteher, die anderen Nachteulen. Eine Routine erlangst du, wenn du jeden Tag zu einer bestimmten Aufgabe, deine Aufgaben erledigst, die du machen musst. Sei jedoch stets ehrlich zu dir.
Gehörst du zu der Kategorie Nachteule, ist das auch völlig in Ordnung. Ein Teil der Menschen kommen genau dann am besten zur Ruhe und auf die besten Ideen, wenn alle anderen um sie herum schlafen. Wenn du ein Morgenmuffel bist, solltest du dich nicht dazu zwingen, um 6 Uhr aufzustehen. Es macht Sinn, mehr zu schlafen, dann motiviert durchzustarten und dann fit und wach in dein Projekt zu starten. Du solltest jedoch, ganz gleich für welche Version du dich entscheidest, den Rhythmus beibehalten, denn nur so kann dein Gehirn sich daran gewöhnen.

"Aus den Augen aus dem Sinn"

Bei einer fehlenden Selbstdisziplin geht es nicht immer nur darum dir Dinge an zu gewöhnen, sondern es kann auch sein, dass du lästige Angewohnheiten loswerden möchtest. Allerdings haben viele Menschen Probleme, sich an ihre eigenen gesetzten Ziele zu halten. Dies kann beispielsweise ein übermäßiger Süßkonsum sein, du möchtest mit dem Rauchen aufzuhören oder du willst es unterlassen, deinen Ex zu stalken. Auch hier brauchst du viel Selbstdisziplin, kannst diesen jedoch mit einem einfachen Prinzip an den Kragen gehen. Das Prinzip "aus den Augen aus dem Sinn" hilft dabei sehr gut. Schmeiß die Zigaretten in den Müll, lass die Schokolade Schokolade sein und blockiere deinen Ex, damit du ihm nicht weiter schreiben oder folgen kannst. Nicht an die stetigen Laster erinnert zu werden, ist für die meisten Menschen leichter und können diese dann auch loslassen. Somit trainierst du dann auch zeitgleich dein Selbstwertgefühl.

Lass dir helfen

Manche Dinge sind einfach zu schwer, um diese alleine zu schaffen. Mit Sicherheit bist du mit deinem Problem nicht alleine, ganz gleich welches dieses ist. Ein Gesprächspartner kann in solchen Situationen helfen, mit dem du die Situation reflektiert. Diese Personenkreise können Freunde, Familienmitglieder, Arzt oder auch Therapeut sein. Diese kann dir helfen deine Lösungen und Gründe für die Probleme deiner fehlenden Selbstdisziplin zu finden.

Selbstbelohnung

Hast du eine tappen Ziel erreicht, dann vergesse nicht dich selber zu belohnen. Dies können ganz unterschiedliche Dinge sein und ganz unterschiedliche Belohnungen. Die sind jedoch kleine Tricks mit denen du dich selbst mehr motivieren kannst. Lasse jedoch nicht zu viel Zeit verstreichen bis du dir diese Belohnung gönnst. Auch an dieser Stelle gilt lieber klein anfangen und sich dann langsam zu steigen. Etappenziele sind auch Ziele .

Pausen sind wichtig

Um durch zu atmen und Energie zu tanken, sind Pausen sehr wichtig. Daher solltest du bei allem was du tust, regelmäßige Pausen einplanen. Es ist einfacher viele der kleinen Ziele zu erreichen als ein Großes. Deine vorgegebene Zeiteinheit kannst du so viel besser durchziehen, wenn du die nächste Pause vor Augen hast, auch wenn die Zeit scheinbar kein Ende nehmen will. Ein ganz konkreter Tagesplan kann dir ebenfalls helfen, dein Pensum zu schaffen. Mit dieser Methode wechseln sich die Pausen und produktive Zeiten ab und mit dieser Methode kannst du deine Sachen kontinuierlich abarbeiten.

Nicht aufgeben, konstant bleiben

Kein erfolgreicher Mensch hat sich an einem Tag erschaffen. Es ist auch nicht immer möglich eine Abkürzung zu nehmen, um an dein Ziel zu gelangen. Das Weg ist oftmals mit zahlreichen, wichtigen Lektionen gespickt, die es zu lernen gilt. Diese helfen dir auf lange Sicht zum Erfolg und führt dazu, dass du noch disziplinierter arbeiten kannst. Mit großer Wahrscheinlichkeit wird dadurch auch regelmäßig Enttäuschungen aufkommen. Hast du nach kurzer Zeit noch immer keinen Erfolg bzw. keinen großen Fortschritt erreicht in deiner Selbstdisziplin, solltest du jedoch nicht aufgeben. Das menschliche Gehirn braucht bis zu drei Wochen, bis es sich an eine neue Routine gewöhnt hat.

Mach es dir einfach

Oftmals ist der Anfang wirklich am schwersten. Hast du dich jedoch einmal überwunden und angefangen, wird sich sehr schnell ein äußerst angenehmes Gefühl einstellen etwas geschafft zu haben und den inneren Schweinehund besiegt zu haben. Dein Selbstwertgefühl steigern schon kleine Erfolgserlebnisse und können dir somit auf lange Sicht helfen, selbstbewusster zu werden. Perfekt ist kein Mensch und auch den besten fällt es schwer, sich stets zu motivieren. Nicht aufgeben und einfach durchziehen heißt hier die Devise. Anschließend wirst du dich um sehr vieles besser fühlen.

Selbstvertrauen stärken

Um das eigene Selbstbewusstsein und Selbstvertrauen zu stärken, gibt es verschiedene Möglichkeiten. Es ist jedoch wichtig, diese konsequent umzusetzen und auch einzusehen, dass diese Arbeiten nicht nur kurzfristige sind und die drei folgenden eben beachtet werden müssen.

Kopf (Denken)

- Denkmuster, die dich belasten, erkennen und ändern
- Zweifel und Selbstabwertung stoppen (positive, innere Dialoge)
- Erfahrungen und Erlebnisse verarbeiten
- ehrliches Selbstbild erarbeiten

Herz (Fühlen)

- Freude, Begeisterung, Mut und Spaß am Tun und sich selbst überwinden und entwickeln
- Angst, Unsicherheitsgefühle und Ärger (über sich selbst) wirksam begegnen
- Gelassenheit entwickeln. Loslassen, entspannen und innere Ruhe finden
- Zittern und andere körperliche Zeichen von Unsicherheit systematisch reduzieren

Hand (Handeln)

- Herausforderungen annehmen, sich etwas zutrauen
- Erfolgserlebnisse sammeln
- Selbstsicheres Auftreten und sichere Körpersprache

Es gibt nicht nur tolle, kleine und total wirksame Schritte zum Erfolg für mehr Selbstwert und Selbstvertrauen, sondern auch Stolpersteine, die diesen Weg spicken werden.

Sehr feinfühlige Menschen sind oftmals von Selbstzweifeln befallen, da sie ein geringes Selbstbewusstsein haben. Ihnen hilft es, dieses zu festigen und zu steigern.

4. Woher kommen Selbstzweifel und wie kannst du diese bezwingen?

Die innere Stimme kommentiert und bewertet, kritisiert und beschimpft, erzählt dir was du zu tun oder zu lassen hast, sagt, dass die Interessen anderen wichtiger sind, droht mit Katastrophen, schürt Misstrauen, gibt dir vor ,was richtig und falsch, gut und schlecht ist und ist auch Weltmeister darin, Lebensregeln vorzugeben, an die du dich laut ihr dran zu halten hast. Sie macht dies nicht, um dich zu ärgern, sondern um über das eigene Leben Kontrolle und Sicherheit zu erlangen. Die innere Stimme ist jedoch auch in der Lage, Gedankenmustern blockieren und einzuschränken, die mit der Realität nichts im Entferntesten zu tun haben.
Wenn du dir nicht selber traust, wenn du nach dem Wohlergehen anderer Menschen schaust, es ihnen recht machen möchtest und dabei dich selbst vergisst, wenn du in Beziehungen oder Job bist und bleibst, in den du dich nicht wohlfühlst und die dir nicht gut tun, wenn du in deinen selbst aufgestellten, starren Regeln festhängst und dir das Leben nicht erlaubst, welches du gerne leben möchtest, wenn du dir Sorgen machst und deine Gedanken um zukünftige Katastrophen kreisen, all das ist auch bekannt unter dem Namen Mindfuck. Es schränkt dich ein und nimmt dir die Möglichkeiten zum Leben und schlussendlich auch zum Atmen.

Selbstzweifel aufdecken - Jeder Mensch lebt in seiner eigenen, erschaffenen Welt

Erfahrungen sind der Schlüssel für unser Wissen und Können. Krabbeln, laufen und sprechen lernt der Mensch dadurch, wie die Umwelt auf ihn reagiert und wie diese funktioniert. Das eigene Selbst - und Weltbild entwickelt sich daraus. Unser Gehirn hat all diese Erfahrungen abgespeichert und mit denen dabei empfundenen

Emotionen und resultierenden Gedanken und Verhaltensmuster verknüpft.

Dadurch kannst du nicht nur Aufgaben automatisch erledigen, die immer wiederkehren, sondern bei neuen Erfahrungen kannst du somit auch frühzeitig abschätzen, wie du darauf zu reagiert hättest. Die Fähigkeiten deines eigenen Gehirns machen dich dazu erst lebensfähig. Somit kannst du in der Gemeinschaft mit deren Spielregeln funktionieren, dich den täglichen Anforderungen des Lebens stellen und in dieser Welt sicher überleben.

Die Vergangenheit bestimmt jedoch auch das eigene Leben bzw. erleben. Neue Erfahrungen rufen oftmals Gefühle und Reaktionen in dir hervor, die dir unangenehm sind oder in der Situation nicht angemessen sind. Auf diese Weise entstehen Konflikte, du fühlst Dinge wie Enttäuschung, Angst, Schuld, Missachtung. An dieser Stelle kommen treten die meisten Menschen in ihrem Leben auf der Stelle, da sie sich selbst im Weg stehen. Die andere Möglichkeit ist, unter den vorhandenen, eigenen Möglichkeiten zu leben, da tiefsitzende Ängste, emotionale Widerstände oder unzeitgemäße, übernommene Glaubenssätze dich blockieren. Oftmals sind dir diese gar nicht bewusst, sondern in deinem Unterbewusstsein sehr tief vergraben. Der Spiegel deiner eigenen Wahrnehmung ist somit dein Leben. Diese Dinge sprechen oft die im Unterbewusstsein gespeicherten Überzeugungen und Gefühle aus ähnlichen Situationen an, jedoch entsprechen sie sehr selten der Realität. Die eigene Wahrnehmung ist immer eingebunden in die Wahrnehmung von dir selbst, welches mit Gefühlen und auch dem, was du über das Wahrgenommene hinaus gerade denkst. Du wirst die Welt somit nie in ihren wahren Farben sehen, sondern immer eingefärbt. Oftmals denken wir automatisch, dies ist unabhängig von dem eigenen Willen.

Das Gehirn schafft Verbindung zwischen den neuronalen Zellen, in dem es das Lernen und Denken durch Erfahrungen miteinander verbindet. Es ist am einfachsten, die diese Verbindungen wie Stromleitungen vorzustellen. Beim Lernen von neuen neuronalen Verbindungen erzeugt jede weitere Erfahrung eine weitere Verbindung, die sich zu einem neuronalen Netzwerk untereinander verdrahten (ähnlich wie elektrische Schaltanlagen). Im Gehirn entstehen so beim Denken Reaktionen die Nebenstrom auch chemische Substanzen, Neuropeptide, produzieren. Diese fließen nun zu den Rezeptoren im Körper der entsprechenden Zellen und rufen dort dann eine Reaktion hervor. Dem eigenen Gehirn und den Zellen gefällt dieses so gut, dass sie aufgrund der erhöhten Tendenz immer wieder dasselbe tun. Auf diese Art und Weise entsteht Automatismus.

Die Lieblingsbeschäftigung des Gehirns ist das Denken und die Zellen bevorzugen immer wieder die gleichen Neuropeptide. Dabei ist es ganz gleich, ob dieses Denken in dir angenehme oder unangenehme Gefühle hervorruft. Auf diese Art und Weise entsteht der bekannte Mindfuck und die immer wiederkehrenden Gedanken um ein und das gleiche Thema. Diese tun dir weder gut, noch gefallen sie dir, aber dennoch nehmen sie dich vollkommen in Beschlag. Du möchtest diese Gedanken nicht zulassen, trotzdem tust du es. Das eigene Denken gehorcht somit nicht dem eigenen Willen!

Du wirst nicht in der Lage sein drei Minuten einmal nicht zu denken. Angstvolle Gedanken erzeugen im Gehirn eine größere Spannung als gute oder schöne Gedanken. Angst entsteht nicht nur im Körper und erzeugt dadurch eine hohe Anspannung, sondern ebenso im Gehirn wird aufgrund dessen eine höhere Spannung fließen. Je höher diese ist, umso länger kann der Strom fließen und so länger es dauert, bis der elektrisch neutrale Zustand (keine Gedanken) wieder aufkommt. Genau dies ist der Grund, warum sich ängstliche und sorgenvolle Gedanken so oft wiederholen und wir uns gedanklich immer wieder im Kreis drehen.

Der Mensch ist natürlich auch in der Lage bewusste Gedanken zu fassen, sonst würde er in permanente Depressionen verfallen. Dies passiert, wenn du beispielsweise lernst, liest oder nach einer Lösung für ein Problem suchst. Diese Gedanken bist du dann in der Lage willentlich zu steuern. Allerdings stellen sich viele Menschen an dieser Stelle die Frage, wie viele der täglichen Gedanken wirklich bewusst, also willentlich erzeugt und wie viele automatisch und unwillig erzeugt werden. Das menschliche Gehirn erzeugt nicht nur den gesamten Denkvorgang, es kreiert auch das (Er-)leben. Die Welt findet somit nicht nur draußen statt, sondern auch in deinem Kopf.

4.1. Lass die Selbstzweifel hinter dir!

Wenn du etwas möchtest, dich jedoch nicht traust, du dir Sorgen machst und deine Gedanken immer wieder um zukünftige Katastrophen kreisen, du deine Möglichkeiten und dein Potenzial nicht ausleben kannst, liegt es in den meisten Fällen am eigenen Denken. Im Laufe deines Lebens haben blockierte Gedankenmuster und Konditionierung eingestellt. Deine eigene Stimme entwickelt sich daraufhin immer mehr zu einem negativen, eingestellten ich und erklärt dir permanent, was du falsch machst, sie beschimpft dich, schreibt dir vor, was du tun darfst und was du zu lassen hast. Doch sie zeigt dir auch in solchen Situationen das worst-case-Szenario auf, lässt dein Misstrauen wachsen, ordnet Taten in falsch und richtig, gut und schlecht ein und diktiert dir immer selbstverständlicher deine Lebensregeln. An die Lebensregeln hält sich der Mensch und Kontrolle und Sicherheit im Leben zu erlangen.

Grenzen befinden sich oft nur in deinem eigenen Kopf und nicht in der realen Welt. Ein Blick hinter die Fassade lohnt und du wirst dir bewusst was deine inneren Bremsen und Antreiber (Glaubenssätze, Überzeugungen und Konditionierungen) sind.

Eine gute Überlegung ist dazu, wovon du im Leben mehr und wovon weniger haben möchtest. Du kannst erst etwas an der Situation ändern, wenn du dir bei diesen Punkten sicher bist und weißt, was du willst.
In den meisten Fällen weißt du sehr genau, was du tun könntest um mehr Zufriedenheit und Wohlbefinden zu erlangen, machst es aber oftmals nicht. Das was dich davon abhält ist oftmals eine mentale Grenze und keine reale.

4.2. Mache dir deine Glaubenssätze bewusst

Dazu kannst du dich Dinge Fragen wie:

- Was denkst du selbst über dich?
- Was denkst du über das Leben?
- Was denkst du über Beziehungen, Geld, Erfolg usw.

Die Fragen richten sich natürlich nach deinem Thema.

Es ist sinnvoll, wenn du dir diese rausgefunden Glaubenssätze notierst und dir anschließend überlegst, welche deiner Überzeugungen dich weiterbringen und welche dich einengen. Die begrenzenden Glaubenssätze solltest du dann in befreiende Glaubenssätze umformulieren. Nun hast du mehrere Möglichkeiten dir diese einzuprägen. Entweder schreibst du die neuen Glaubenssätze auf Haftblättern auf und klebst diese an gut sichtbaren Plätzen in deiner Wohnung oder du legst dir eine Liste an und liest dir diese jeden Abend vor dem Einschlafen durch.

Deine Lebensregeln kannst du dir auf genau die gleiche Art und Weise bewusst machen.

- “Ich sollte stets zuerst an meine Lieben denken!”
- “Ich sollte immer zurückhaltend sein!”
- “Ich muss immer pünktlich sein, sonst…”

In den nachfolgenden Sätzen kannst du dir dann deine eigenen, neuen Regeln aufschreiben.

- Ich sollte immer….
- Ich muss immer…

Diese Überlegungen können dir dabei helfen herauszufinden, für welche Dinge zu getadelt und für welche du Lob bekommen hast. Diese solltest du ebenfalls aufschreiben.
Die Dinge, die du herausfindest, sind deine persönlichen Antreiber oder Bremsen in deinem Leben. Befreie dich von ihnen, wenn du dadurch nicht weiter kommst und finde für dich neue, um deine gewünschte Lebensqualität zu erreichen. Du kannst alte Regeln einfach weglassen oder je nach Situation neu entscheiden, wie du dich verhalten möchtest.

4.3. Der Sinn von Selbstzweifel und Methoden sie zu überwinden

Selbstzweifel fühlen sich nicht gut an und negative Gedanken halten den Menschen klein. Außerdem lösen diese Minderwertigkeitsgefühle und Ängste aus. Allerdings solltest du trotz der negativen Punkte nicht vergessen, dass sie trotz alledem ihren Sinn haben.

Einen Aha-Moment
Selbstzweifel sind für viele Menschen eine lästige Angewohnheit, es dauert jedoch lange um diese wieder loszuwerden. Somit gehören Zweifel irgendwann in

unserem Leben dazu, da wir diese im Laufe unseres Lebens immer wieder antrainieren und auch austrainieren. In erster Linie sind Zweifel ein Gedanke, der etwas infrage stellt. Von den Fakten her passiert in diesem Moment nicht mehr und nicht weniger. Doch zweifelst du ständig an dir, deinen Fähigkeiten und Entscheidungen und schenkst diesen Gedanken auch noch Glauben, dann kann sich dieses zu einer sehr unschönen Spirale entwickeln.

Wenn du schon einmal von dem Gesetz der Anziehung oder auch selbsterfüllende Prophezeiung gehört hast, dann wirst du auch sehen, dass dies nicht nur im Äußeren, sondern auch im Inneren wirkt. Kommt ein zweifelnder Gedanke auf, wird ganz schnell der nächste folgen und wieder der nächste und der nächste. Du fängst in dieser nicht endend wollenden Spirale an, fleißig Beweise zu sammeln. In der Regel tust du dies unbewusst und bestätigst dadurch deine zweifelhaften Gedanken.

4.4. Warum du dich von Selbstzweifel verabschieden musst.

Aufgrund der Selbstzweifel wirst du nie dein volles Potenzial entwickeln können und dein strahlendes Licht wird immer ein unscheinbares Glimmen bleiben. Zweifel füttern dich mit dem Gedanken nicht gut genug zu sein, nicht liebenswert, nicht schön genug. Selbstzweifel halten dich in dir selbst gefangen. Welche Folgen haben Selbstzweifel?

Selbstzweifel machen krank

Sowohl psychische, wie auch physische Krankheiten können durch Selbstzweifel ausgelöst werden. Als Folge starker Selbstzweifel können daraus dann Depressionen und Angsterkrankungen aufkommen.

Selbstzweifel zerstören dein Selbstvertrauen

Selbstzweifel haben nur eine Aufgabe: Sie nagen am wertvollsten was du hast, deinem Selbstvertrauen. Du kannst dich ohne dieses Selbstvertrauen kaum weiter entwickeln und auf neue Herausforderungen zugehen.

Selbstzweifel schaden deinen Beziehungen

Selten haben Menschen mit Selbstzweifeln wirklich gute Laune. Aufgrund dessen werden Konkurrenzgefühle ausgelöst und diese haben weder heilsame Kräfte für eine Freundschaft, noch für eine Partnerschaft.

Selbstzweifel untergraben deine Kreativität

Eine enge Verbindung gehen Selbstvertrauen und Kreativität ein. Du wirst deine kreative Kraft finden, wenn du dir zugestehst, Fehler machen zu dürfen. Fehler bzw. Versuche die fehlschlagen, sind natürliche Bestandteile eines kreativen Schaffensprozesses. Allerdings halten Selbstzweifel dich genau von diesem kreativen Prozess ab, da in den meisten Fällen erst gar nichts zustande kommt.

Die positiven Aspekte der Selbstzweifel

Selbstzweifel haben jedoch auch ihre vermeintlich “guten” Seiten, denn solange du Zweifel hast, wird es weder für dich selbst, noch für deine Projekte losgehen. Du kannst immer in deiner Komfortzone bleiben, musst keine Angebote online stellen, keine Telefonate führen und der Dinge mehr. Aufgrund der Zweifel siehst du keinen Sinn darin, dein Angebot online zu stellen oder ein Telefonat zu führen, denn es führt ja eh zu nichts, die anderen sind ja grundsätzlich besser als du.

Eine weitere "gute" Seite ist, solange du zweifelst, wirst du nicht losgehen und somit auch nicht scheitern können. Somit bewahren deine Zweifel dich sogar vor dem befürchteten Scheitern. Solange du dich in deiner Komfortzone verstecken kannst, wirst du dich auch nicht messbar machen. Du kannst dich somit erfolgreich Bewertungen entziehen und möglichen Verletzungen durch andere Menschen oder durch die Arbeit aus dem Weg gehen.

Ebenso ist das recht Haben ein weiterer "guter" Grund der Selbstzweifel. Für viele Menschen fühlt sich recht Haben sehr stimmig an, auch wenn es ein Thema ist, dass ihnen unangenehm ist oder dass sie als nicht schön empfinden. Bekommst du recht, dass du wieder schlechter als deine Kollegin bist, da diese den Auftrag bekommen hat, dann fühlt sich dies zwar nicht gut an, jedoch stimmig im Sinne von "es passt in meinen Zweifeln des Gedankensystem".

Selbstzweifel sind ein Magnet

Die vermeintlichen guten Seiten des Zweifels machen die Selbstzweifel geradezu attraktiv, auch wenn sie sich nicht gut anfühlen. Du zweifelst nicht an dir selbst, weil du doof bist, sondern weil du damit unterbewusst eine oftmals schützende Strategie für dich selbst verfolgst.
Von diesem Punkt aus hast du dann die Möglichkeit deine Selbstzweifel liebevoll zu umarmen, denn schlussendlich haben sie versucht, sehr gut zu dir zu sein und dich auf ihre verschobene Art zu schützen.

Hast du deine Selbstzweifel einmal verstanden bzw. deren Funktion, kannst du eine bewusste Wahl treffen, diese Stück für Stück anzunehmen und dich dann ausdrücklich für neue Gedanken entscheiden, die dein Vertrauen stärken. Somit sind Selbstzweifel nicht in Stein gemeißeltes und keine fixe Charaktereigenschaft. Es ist lediglich ein antrainiertes, unterbewusstes Mindset. Das Zweifel-Mindset lässt sich verkleinern und durch ein Vertrauens-Mindset stärken. Auch dieses Training funktioniert wieder wie ein Muskel.

5. Positives Denken

Positives Denken wirkt sich auf viele Bereiche des Lebens aus, daher ist es sehr gut, wenn du eine positive Grundeinstellung hast. Die verschiedenen Bereiche können sein...

- deine Gesundheit
- dein seelisches Wohlbefinden
- deine geistigen Fähigkeiten und deine Wahrnehmung
- deine beruflichen und finanziellen Erfolge
- deine zwischenmenschlichen Beziehungen

Was sind die einzelnen Auswirkungen des positiven Denkens?

5.1. Seelisches Befinden

Ein positiv denkender Mensch hat ein überwiegend gutes, seelisches Befinden. Sie wissen, dass sie alleine darüber bestimmen, was sie denken.

Sie haben aufgrund ihrer positiven Einstellung negative Verstimmungen. Sie haben zwar auch einmal schlechte Laune, fühlen sich nicht wohl, sind bedrückt oder niedergeschlagen, doch dieser Zustand hält bei ihnen nicht lange an. Sie möchten nicht, dass er lange anhält, tun daher auch etwas dagegen und so geht es ihnen oftmals schnell wieder besser.

Niederlagen und Misserfolge betrachten sie als etwas vorübergehendes, dass ein kurzfristiger Rückschlag ist und verfallen nicht den Trübsinn, sondern fühlen sich dadurch noch mehr angestachelt ihr Ziel zu erreichen.

5.2. Geistige Fähigkeiten

Aufgrund ihrer positiven Einstellung funktionieren die Sinnesorgane eines positiv denkenden Menschen viel besser, als bei einem Menschen der das komplette Gegenteil dieser Einstellung hat. Positive Menschen verfügen über eine bessere Merkfähigkeit, sind kreativer und ideenreich, sehen und hören besser.

5.3. Körperliches Befinden

Die meisten der positiv denkenden Menschen verfügen über eine gute körperliche Gesundheit, denn körperliches und seelisches Wohlbefinden sind oftmals eng miteinander verknüpft. Auf die inneren Organe wirkt das positive Lebensgefühl wie ein Lebenselixier. Die Auswirkungen davon sind, dass die Menschen länger jung, aktiv und auch gesund bleiben. Sie wissen, dass sie ihr Wohlbefinden zum großen Teil selbst steuern können und erhalten dadurch eine sehr große Stärke, die nicht zu unterschätzen ist. Um alt zu werden und fit zu bleiben, ist dies ein sehr gutes Mittel.
Durch eine positive, optimistische und hoffnungsvolle Einstellung zum Leben werden die Abwehrkräfte des Menschen gestärkt und ist deutlich aktiver. Dies haben viele Studien bereits belegt.

Bist du dich innerlich ausgeglichen und harmonisch, hat dies auch positive Auswirkungen auf deinen Körper und du hast den besten Schutz gegen Krankheiten, den es gibt. Gesünder sind Menschen mit einer positiven und optimistischen Lebenseinstellung im Gegensatz zu ihren pessimistischen Kollegen. Optimisten richten im Krankheitsfall ihre Energie aufs gesund werden. Aufgrund ihrer positiven Einstellung und Selbstgespräche können sie ihre inneren Selbstheilungskräfte perfekt aktivieren.
Sie betrachten Krankheiten als ein Warnsignal, ihre Einstellungen zu einem bestimmten Bereich ihres Lebens

verbessern zu müssen, aufgrund der krankmachenden Denk - und Verhaltensgewohnheiten.

5.4. Berufliche und finanzielle Vorteile

Positiv denkende Menschen sind sowohl beruflich, wie finanziell in den meisten Fällen sehr erfolgreich. Sie sehen in Situationen eine Chance, in denen andere Probleme sehen. Probleme werden von ihnen nicht als lästiges Übel betrachtet, sondern als eine Herausforderung wie sie trotzdem an ihr Ziel gelangen können.

Aufgrund ihrer positiven Einstellung haben sie viel mehr Vertrauen in ihren Glauben, Erfolg und Fähigkeiten. Sie sagen in den meisten Fällen „ich kann“ und gehen an alles erst einmal unvoreingenommen heran. Sie rechnen fest mit ihrem Erfolg, bis sie vom Gegenteil überzeugt werden durch eventuelles Scheitern. Dank ihrer Einstellung lassen sie sich von Fehlschlägen und Misserfolgen nicht leicht beeinflussen. Sie schätzen auch Misserfolge, denn sie dienen ihnen als Erfahrung und bringen sie trotz allem ein Stück näher zu ihrem Ziel. Sie sind immer auf der Suche nach neuen Pfaden und vermeiden ausgetretene Wege, die zuvor schon so viele vor ihnen gegangen sind. Auf diese Art und Weise finden sie Wege, die zuvor noch keiner bestritten hat.
Sie meiden auch unangenehme Aufgaben nicht oder meckern, denn diese fallen ihnen viel leichter aufgrund ihrer Lebenseinstellung. Profisportler schaffen dadurch auch viel höhere sportliche Leistungen, da sie eine optimistische und positive Einstellung haben.

5.5. Zwischenmenschliche Beziehungen

Ihre Mitmenschen betrachten positiv denkende Menschen nicht als ihre Feinde, solange sie von diesen nicht enttäuscht wurden, und unterstellen Ihnen erst einmal, dass diese liebenswerte Menschen sind. Sie lassen sich jedoch auch von menschlichen Enttäuschungen nicht beirren und behalten ihre positive Grundeinstellung gegenüber anderen Menschen bei.
Pessimistische Menschen halten sich normalerweise von positiv eingestellten Menschen fern. Sie ziehen eher ihresgleichen an. Bedingt durch diese Tatsache machen sie in den seltensten Fällen schlechte Erfahrungen mit ihren Mitmenschen.

5.6. Nachteile, die man als negativ denkender Mensch hat

Seelisches Wohlbefinden

Das Befinden von pessimistischen Menschen ist oftmals schlecht, sowohl körperlich, wie seelisch. Sie können an Situationen nichts Positives sehen und sind von ihrer Gefühlslage her ganz unten. Sie leiden unter schlechter Laune, sind niedergeschlagen und leiden unter Ängsten. Häufig schlägt das permanente am Boden sein auch in depressive Verstimmungen um. Anderen Menschen und Umständen fühlen sie sich oftmals hilflos ausgeliefert, weil sie glauben, sowohl auf ihre eigenen Gefühle wie auch auf ihr Leben keinen Einfluss zu haben.

Körperliches Befinden

Die körperliche Verfassung von Pessimisten ist oftmals viel schlechter, denn Körper und Seele sind eng miteinander verbunden. Sie sind häufig krank und ihre körperliche Verfassung ist schlecht. Ihre Abwehrkräfte sind aufgrund der negativen Denkweise geschwächt und dadurch sind sie für Krankheiten oft anfälliger als positiv denkende Menschen. Hoffnungslosigkeit schadet und schwächt das Immunsystem. Infektionskrankheiten befallen doppelt so häufig Pessimisten wie Optimisten.

Berufliche und finanzielle Nachteile

Pessimisten sind sowohl beruflich, wie finanziell in den meisten Fällen nicht erfolgreich. Sie sehen überall Probleme und selbst bei den günstigsten Bedingungen rechnen Sie mit einem schlechten Ausgang. Sie nutzen viele der ihnen gebotenen Chancen dadurch gar nicht erst. Unglück ziehen sie wie einen Magneten an. Bewerben sich Optimisten und Pessimisten auf eine berufliche Stelle, haben Optimisten viel besser Chancen diese zu bekommen als ihre Gegenspieler. In den meisten Fällen sind sie nicht sehr beliebt als Mitarbeiter, da sie sehr destruktiv sind und wenig Eigeninitiative entwickeln.
Pessimisten haben häufig kein Vertrauen in ihre Fähigkeiten, sie drücken sich vor Verantwortung und ziehen es im Allgemeinen vor, eher passiv zu agieren. Sie können ihre Fähigkeiten nicht entwickeln und scheitern auch, wenn sie sehr begabt und fähig sind. Sie lassen sich schnell entmutigen und nehmen keine Herausforderung an, da sie davon ausgehen, ohnehin zu scheitern.

Geistige Fähigkeiten

Auf Aufgaben können sich pessimistische Menschen nur schlecht konzentrieren, denn ihr Hauptaugenmerk bei der Konzentrationsfähigkeit legen sie eher auf die Dinge, die schief gehen können. Sie können sich nur schwer Dinge merken und haben wenig Kreativität.

Zwischenmenschliche Beziehungen

Mitmenschen betrachten Pessimisten als Feinde, denn die fühlen sich anderen schutzlos ausgeliefert. Sie sind immer

auf der sprichwörtlichen Hit, sind misstrauisch, haben Angst, dass sie andere hintergehen oder hereinlegen wollen. Oder aber die haben Angst vor anderen Menschen, da sie weder nein sagen, noch sich durchsetzen können.
Sie malen in Gegenwart anderer oft schwarz und sprechen über ihr eigenes Unglück oder das der anderen. Sie beschweren sich stetig bei anderen über die vermeintliche Ungerechtigkeit der Welt und sind aufgrund des Schicksals, welches ihnen immer übel mitspielt, stets verbittert. Beliebt sind solche Menschen bei ihren Mitmenschen nicht.

5.7. Die Negativ-Macht deines Umfeldes eliminieren

Ganz gleich, wie positiv du eingestellt bist und wie gut deine Gefühle und Lebensfreude sind, das alles wird dir nichts bringen, wenn sich in deinem Umfeld negative Menschen aufhalten. Diese Art von Menschen merken oft nicht, dass sie dich mit ihrem Verhalten nerven und herunterziehen. Doch auch wenn sie es merken, sie rauben dir deine Energie ohne, dass es sie signifikant stört.
Sie lähmen deine positive Stimmung, schwächen deine Selbstdisziplin, verbreiten eine schlechte Atmosphäre und halten dich davon ab, deinen Träumen nachzujagen und erfolgreich zu sein. Solche Menschen verbreiten nur Stress in deinem Leben und du hast keinen Nutzen davon.

Vielleicht findest du diese Einstellung auf den ersten Blick zu hart. Doch Forscher der Friedrich-Schiller-Universität haben aufgezeigt, dass negative Menschen genau dieselbe Wirkung auf unser Gehirn haben wie pures Gift. Somit wird sich dein Blickwinkel auf meine eben angesprochene Wirkung wahrscheinlich ändern.
Aufgrund des "Gift" wird das Gehirn versuchen, sich gegen diese negativen Wellen zu wehren und der Körper wird mit einer wahren Abwehrschlacht an chemischen Reaktionen zu beginnen.

Weitere Studien konnten beweisen, das bleibende Schäden im Gehirn aufgrund permanenter negativer Einflüsse verursacht werden und das Gemüt auf Dauer getrübt wird. Somit leidest du also im schlimmsten Fall unter Depressionen und das alles nur, weil dich Menschen in deinem Umfeld permanent mit ihren negativen Gedanken und Einstellungen belästigt haben.

Negative Menschen rufen auch in dir negative Emotionen hervor. Dies kann entweder schon geschehen, wenn du nur mit ihnen redest oder sie bloß siehst. Somit leidet nicht nur deine Laune darunter, sondern auch deine Leistungsfähigkeit und schlussendlich deine Selbstdisziplin. Es ist wichtig, solche Menschen schnell zu identifizieren und auf Abstand zu gehen. Dadurch haben sie nicht mehr die Möglichkeit an Dich heranzukommen und dich in ihre negative Spirale hineinzuziehen.

5.8. Woran erkennst du schlechte und negative Menschen?

Es gibt verschiedene Typen von negativen Menschen, die ich dir hier einmal in Kürze umreißen möchte. Früher oder später wirst du mit Sicherheit den verschiedenen Typen in deinem Umfeld auf die Spur kommen, da die Beschreibungen sehr genau zu treffen und du sie somit identifizieren kannst.

Das Lästermaul

Menschen die gerne und viel über andere Leute lästern, befinden sich oftmals im Bekanntenkreis, beim Sport oder in der Arbeit. Diese Menschen haben Freude an den Misserfolgen und Unglücken anderer Menschen.
Ab und an mal über den Geschmack anderer herzuziehen oder die modischen Fehlgriffe einer Freundin nicht

unkommentiert zu lassen, ist nur menschlich. Sollten diese Menschen dies jedoch zur Gewohnheit haben, solltest du dich von ihnen distanzieren. Stattdessen solltest du lieber über positive Dinge sprechen, dich am Erfolg andcrc Menschen freuen und dir diese zum Vorbild nehmen.

Der unverbesserliche Choleriker

Als Choleriker bezeichnet man gerne temperamentvolle Menschen. Choleriker sind jedoch Menschen, die ihre eigenen Emotionen kaum unter Kontrolle haben und sich über jede Kleinigkeit aufregen. Nach allen Regeln der Kunst meckern sie über Dinge, die sich einfach nicht ändern lassen wie beispielsweise das Wetter oder die letzte Steuererklärung.
Sobald du die Möglichkeit bekommen solltest, sortiere diese Art von Menschen aus deinem Umfeld kompromisslos aus. Ihre negativen Emotionen projizieren diese Menschen auf andere und verbreiten in ihrem gesamten Umfeld ihre eigene schlechte Laune. Umgibst du dich mit dieser Art von Menschen, wirst auch du früher oder später diese negative Laune bekommen. Vermeide es, diese Menschen als Vorbild anzusehen, da sie nie die Schuld für missglückte Situationen bei sich suchen, sondern immer nur bei anderen. Zur Selbstkritik sind diese Menschen nicht fähig.

Das ständige Opfer

Es ist nicht einfach, den Opfertypen zu identifizieren, da sie es aufgrund ihrer Art schaffen, dass du mit ihnen Mitleid haben wirst. Bist du ohnehin ein einfühlsamer Mensch, wirst du ihrer Art sehr schnell auf dem Leim gehen. Du bist nämlich besser als viele andere Menschen in der Lage, nachzufühlen, wie es ihnen geht, wenn sie dir von ihren Problemen erzählen.
Es ist nicht offensichtlich, wenn sie übertreiben, da sie sich in ihre Rolle sehr gut hineinsteigern können. Sie betrachten sich sehr gerne als das dauerhafte Opfer und befinden sich

stets in einem großen Berg an Problemen, für den sie selbst niemals etwas können. Schuld an ihrer Situation ist das Schicksal. Sie wurden bereits bei der Geburt als das Opfer dieser Welt ausgewählt. Je besser du den Menschen kennen lernst, desto eher wirst du einschätzen können, ob er übertreibt oder sich wirklich in einer heiklen Situation befindet. Erkennst du dies jedoch, solltest du diesen Opfertypen schnell aus deinem Umfeld aussortieren, denn nur selten gibt dieser positive Dinge von sich oder hat Freude an seinem Leben.

Menschen, die sich nur um sich selbst drehen

Oftmals können Menschen, die sich nur mit sich selbst und ihren eigenen Problemen beschäftigen, keine guten und gesunden Beziehung zu anderen Menschen aufbauen oder pflegen. Sowohl auf Bekannte und Partner, Freunde und Kollege kann dieses zutreffen. Sollten sich solche Menschen in deinem Umfeld befinden, hast du sicherlich schon in ihrem Beisein bemerkt, dass du dich alleine fühlst, auch wenn ihr Zeit miteinander verbringt.
Diesen Menschen gibt es wirklich nur um sich selbst und das Interesse an dir als Person ist nur rein oberflächlicher Natur. Oftmals bekunden diese Menschen zu Anfang eurer Freundschaft / Beziehung noch Interesse an deiner Person, deinen Problemen und Sorgen. Allerdings ändert sich dies innerhalb kurzer Zeit und du wirst schnell merken, dass sie lediglich ihren seelischen Müll bei dir abladen möchten. Dies solltest du jedoch nicht persönlich nehmen, denn diese Menschen sind einfach so.

Die ständig Unzufriedenen

Von Menschen, die niemals zufrieden sind mit sich, ihrer Leistung und ihrem Leben, wirst du auf die Frage, ob die Tasse nun halb voll oder leer ist, niemals eine positive Antwort erwarten können. Diese Art Menschen sind nicht in der Lage, sich an Dingen zu erfreuen, weder an Kleinigkeiten noch an großen und aufregenden Dingen. Mit dem was sie haben sind sie nie zufrieden, so dass sie sich stets mit anderen Menschen vergleichen, denen es besser geht oder die einen höheren materiellen Wohlstand genießen. Oftmals sind solche Menschen vom sprichwörtlichen Neid zerfressen.

An ihrer vermeintlichen Armut sind nie sie selbst schuld, denn sie haben in ihrem Leben alles richtig gemacht. An dieser Stelle ist es wichtig, sich selbst bewusst zu machen, dass es nie zu spät ist das eigene Leben zu ändern, in die Hand zu nehmen und neue Dinge auszuprobieren. Das bekannte Umfeld hin oder her. Verpasstes lässt sich oftmals auch später noch nachholen.

Unzufriedene Menschen werden von vielen Dingen davon abgehalten, ihren Träumen hinterher zu jagen, sei es die eigene Courage oder die Angst vor Veränderung. Sie werden ihr Leben nie zum positiven hin verändern können. Nicht sie selbst sind schuld, sondern ihr Umfeld. Distanziere dich nach Möglichkeit auch von solchen Menschen, denn wirklich weiterhelfen können oder wollen werden sie dir in deinem Leben nicht.

Manipulative Menschen

Unter dem Deckmantel der Freundschaft versuchen diese Menschen andere zu manipulieren, um so ihr Ziel zu erreichen, welches ihnen vorschwebt. Vergleichbar sind diese allerdings mit Parasiten, die dir lediglich Zeit und Energie ausrauben wollen. Das Problem ist, dass diese Menschen dich recht gut kennen und genau wissen, was dich glücklich macht, was dir Freude bereitet und was dir gefällt. Um dich nach Ihren Wünschen zu manipulieren, nutzen sie diese Informationen. Du bekommst zunächst von ihnen das wunderbare Gefühl geschenkt, ein toller und besonderer Mensch zu sein. Er beschenkt dich mit Kleinigkeiten und ihr werdet Dinge unternehmen, die dir Freude machen. Sie werden dir stets sagen, dass du für sie ein sehr wichtiger Mensch bist und sie dich nicht mehr aus ihrem Leben wegdenken können. Schlussendlich verfolgen sie aber lediglich das Ziel dich auszusaugen, wenn sie dich einmal für sich gewonnen haben. Solche Menschen solltest du unbedingt meiden, denn früher oder später werden sie doch nehmen, anstatt zu geben, was sie möchten oder brauchen.

Chronische Pessimisten

Pessimisten sind wahre Weltmeister darin, permanent zu nörgeln und Dinge schwarz zu sehen. An allem und jedem finden sie etwas auszusetzen. Du solltest dir nicht die Mühe machen und versuchen zu wollen, diese Menschen oder ihre Ansicht zu ändern. Du würdest keinerlei Erfolg haben. Schnell entlarven kann einen Pessimisten die typischen Aussagen und seine Körpersprache.
Du erkennst diese Menschen schnell an ihren heruntergezogenen Mundwinkeln und hängenden Schultern. Bei den Anwesenden werden diese Menschen automatisch schlechte Laune verbreiten, sobald sie den Raum betreten. Abfärben wird der Pessimismus dieser Menschen sowohl auf dich, wie auch dein Gemüt, wenn du dich oft mit solchen Menschentypen umgibst.

Die Richter

In seinem Leben spielt sich so mancher Mensch gerne als Universal - Richter auf. Dazu kommentiert er ungefragt einfach Sachverhalte, das Verhalten anderer Menschen oder andere Dinge negativ und verunsichert auf diese Art und Weise seine Mitmenschen. Dieser Typ Mensch meldet sich oftmals erst dann zu Wort, wenn bereits eine Entscheidung gefallen ist, die sich nicht ohne weiteres zurücknehmen lässt. Hinterher wissen diese sie es schließlich immer besser.
Diese Menschen rauben dir den letzten Nerv und führen schlussendlich zur Unsicherheit bei eigenen

Entscheidungen. Von deiner Freundesliste sollte zu solchen Typen Menschen direkt streichen.

Arrogante Typen

Unsicherheit macht sich oft bemerkbar durch Arroganz. Allerdings machen auch Menschen davon Gebrauch, die mit sich nicht im reinen sind. Sie bringen dir keinen Nutzen, sondern nehmen lediglich deine Zeit für sich in Anspruch.

Die Dauer- Kranken

Oftmals hat man Menschen in seinen näheren Umfeld oder kennt Menschen über andere, die du getrost als Hypochonder bezeichnen kannst. Stets haben diese Menschen das Gefühl an irgendeiner Krankheit zu leiden und rennen von Arzt zu Arzt. In den meisten Fällen suchen sie Mediziner, die die eigene Selbstdiagnose bestätigt. In der Regel erweisen diese ihnen jedoch nicht den Gefallen und sie finden immer andere Baustellen an ihrem Körper. Bei diesen Personen wird die Liste an möglichen Krankheiten immer länger und irgendwann wiederholt sich das Prozedere immer wieder. Da schmerzt wieder der Arm und da die letzte Untersuchung beim Arzt deswegen schon längere Zeit zurückliegt, kann es ja nicht schaden den Arm noch einmal untersuchen zu lassen. Einen gemeinsamen Konsens Seiten eines Gespräches zu finden ist kaum möglich, da diese Menschen kaum über etwas anderes als ihre (eingebildeten) Krankheiten und Wehwehchen sprechen. Diese Menschen rauben dir lediglich unnötig Kraft und Zeit.

Der aggressive Mensch

Noch schlimmer als die temperamentvollen Exemplare sind aggressive Menschen. Sie verlieren extrem schnell ihre Beherrschung, fluchen gerne und sind nicht besonders feinfühlig in ihrer Wortwahl. Nehme von solchen Menschen auf jeden Fall Abstand und meine nicht diese verbessern zu können, denn das einzige dass ihn wirklich hilft, ist eine anständige Therapie.

5.9. Wie kannst du dich vor diesen elf Personentypen schützen?

Diese elf Personentypen werden dich früher oder später in den Wahnsinn treiben. Für Außenstehende ist ihr Verhalten in den meisten Fällen nicht erklärlich und ergibt auch keinen Sinn. Somit solltest du nicht versuchen diese Verhaltensweisen mit Logik nachzuvollziehen, sondern Dich von diesem zu distanzieren. Das Vorgehen wird immer leichter, je weniger du die Menschen verstehen kannst. Somit halte dich von solchen Menschen fern.

Du solltest nicht den Fehler machen zu versuchen Ihnen zu helfen, denn erstens bist du vermutlich kein ausgebildeter Therapeut und zweitens wollen diese Menschen keine Hilfe. Somit solltest du deine Energie lieber für Dinge nutzen, die dir selbst wirklich guttun und Dich voranbringen.

Es gibt natürlich auch Situationen in denen es nicht so einfach ist, sich von diesem Persönlichkeitstypen fernzuhalten, weil es beispielsweise ein Arbeitskollege von dir ist und du somit zwangsläufig jeden Tag immer wieder mit ihm konfrontiert wirst. Ziehe klare und deutliche Grenzen für dich und diese Person. Artikuliere somit deine eigenen Wünsche beispielsweise, dass du dieses oder jenes nicht mehr hören möchtest und bleibt konsequent, vor allem dann wenn sich die andere Person nicht an deine Wünsche halten möchte.

Suche dir dein privates Umfeld ganz bewusst aus und lasse negative Menschen nicht hinein. In deinem Leben wirst du nur Vorankommen, wenn du das durchziehst, was du dir vornimmst und dir selber treu bleibst. Umgebe dich mit Menschen, von denen du lernen kannst und die dir guttun.

5.10. Emotionale Abhängigkeit

Von emotionaler Abhängigkeit hast du mit Sicherheit schon einmal gehört und sie vielleicht sogar schon einmal selbst erlebt. Es ist einfacher, diese als Außenstehender zu erkennen, als wenn du selbst betroffen bist. Auch im Bereich der Selbstdisziplin kann emotionale Abhängigkeit vorkommen, jedoch ist dies ebenso wie in anderen Bereichen eher schädlich als nützlich.

Doch was genau bedeutet emotionale Abhängigkeit eigentlich genau und wie kannst du diese erkennen? Per Definition ist dies ein Zustand, in dem eine einseitige, übertriebene Abhängigkeit von einem anderen Menschen vorliegt. Diese äußert sich in einer sehr großen Angst vor dem Verlassenwerden und der Vernachlässigung der eigenen Interessen. Dies reicht teilweise hin bis zur völligen Selbstaufgabe. Um das Prinzip einmal zu erklären, werde ich dir dies anhand des typischen Beispiels einer Beziehung erläutern. So verstehst du am besten, wie emotionale Abhängigkeit funktioniert, warum sie so gefährlich ist und warum sie für deine Selbstdisziplin keine gute Voraussetzung ist.

5.11. Emotionale Abhängigkeit - Sorge und Angst

Es gibt sehr deutliche Vorboten, die auf eine emotionale Abhängigkeit andeuten. Vor allem in einer Partnerschaft kennen viele das Gefühl, dass sie ihrem Partner nicht genügen würden, ganz gleich, wie sehr sie sich auch anstrengen. Die eigenen Ängste und Sorgen des Betroffenen rücken dabei gänzlich in den Hintergrund, da sie Bedenken haben, ihrem Partner damit zur Last zu fallen.

Der Betroffene hat nur ein Ziel in seiner Partnerschaft, dem Partner zu gefallen, auf Teufel komm raus. Gerade zu Beginn einer Beziehung haben wir oftmals die berühmte Rosarote Brille auf, das ist auch völlig in Ordnung. Doch im Laufe der Zeit verflüchtigt sich der verklärte Blick in normalen Beziehungen. Bei einer emotionalen Abhängigkeit kommt der Betroffene nicht aus dem Stadium heraus, er widerspricht seinem Partner nicht und auf Dauer ist dies keine gute Basis für eine Beziehung.

Der Betroffene kann auch die Zeit ohne seinen Partner nur sehr schwer ertragen. Daher werden auch getrennte Unternehmungen nicht möglich sein, da zu jeder Zeit die vollkommene Kontrolle über die Beziehung gesucht wird. Er braucht die permanente positive Bestärkung des Partners, ebenso Informationen darüber, was der Partner macht und wo er sich aufhält, wenn sie dann doch einmal getrennt sind und nicht gemeinsam etwas machen.

Die emotionale Abhängigkeit hat viele Gründe, daher solltest du dir die Gründe versuchen bewusst zu machen, wenn du davon betroffen bist. Es könnte aus der Erfahrung von deiner Vergangenheit (z.B. in der Kindheit) oder auch im konkreten Verhalten deines Partners bzw. dem Menschen liegen, von dem du emotional abhängig bist.

5.12. Nimm dir Zeit ohne Mensch X

Wenn du dir über dieses Problem bewusst bist, dann solltest du versuchen, dir ganz bewusst die Zeit ohne den Menschen zu nehmen, von dem du emotional abhängig bist. Nehme dir Zeit für dich, deine Hobbys, unternehme etwas mit deinen Freunden und versuche immer wieder sehr bewusst auch Zeit alleine zu sein. Stelle dich ebenfalls deinen Ängsten in Bezug auf die Person und suche die Kommunikation mit ihr.

Der Betroffene kann seinen Mitmenschen, von dem er emotional abhängig ist, so auch erklären, was ihn bedrückt und wird so nicht irgendwann auf Unverständnis oder Verärgerung stoßen. Kannst du dich jedoch nicht zu diesen Schritten überwinden, kann ein weiterer, sehr guter Weg sein, sich professionelle Hilfe zu suchen.

6. Was ist Erfolg eigentlich?

Wir sind in dieser Welt auf Erfolg gedrillt und gepolt. Das Wort Erfolg vermittelt positives, du hast etwas erreicht, womit du zufrieden sein kannst. Doch wie genau wird Erfolg eigentlich definiert?

“Erfolg ist das Erreichen von Zielen, die man vorher definiert hat oder welche allgemein erstrebenswert sind.”

Die Ziele können vielfältig sein. Der eine bezieht sie auf den Menschen, der andere auf eine Organisation. Du merkst sicher schon, dass sich Erfolg nicht anhand eines Satzes definieren lässt. Erfolg hat einen sehr komplexen Bezugsrahmen, das jeweilige System muss sehr genau betrachtet werden oder die damit verbundene Bewertungskomponente einer genauen Betrachtung unterzogen werden, um heraus zu finden, was genau Erfolg bedeutet.

6.1. Was sind die genauen Merkmale von Erfolg?

Indem du die Art und den Grad der Zielerreichung betrachtest, kannst du auch eine Definition für Erfolg erarbeiten. Vom kulturellen Blickwinkel hängen sowohl die Form und der Aufwand ab, mit dem die Ziele erreicht werden können. In die Definition des Erfolgs fließen sowohl das persönliche Werte- und Zielsystem der Beurteilung mit ein. Wenn du Erfolg auf diese Weise definierst, ist es ein Resultat deines eigenen Handelns, welches auf der Basis der individuellen Werte beruht.

6.2. Bedeutung von Erfolg

Abhängig von Person und Situation kann Erfolg immer unterschiedlich ausfallen. Ebenfalls ist es stark abhängig von der einzelnen Person. In vielen Teilen deines Lebens kannst du erfolgreich sein wie beispielsweise:

- Partnerschaft
- Beziehung zu deinen Freunden
- Schulnoten
- wissenschaftliche Veröffentlichungen
- sportliche Leistungen

Hast du mit deinem Erfolg auch eine zeitgleiche Anerkennung erreicht, führt dies auch von selbst du mehr Selbstbewusstsein. Allerdings wächst auch mit stetigem Erfolg der Erwartungsdruck, da mit jedem Erfolgserlebnis die Erwartungshaltung deiner Umgebung auch stetig ansteigt.

Erfolg ist somit etwas

- individuelles
- zeitabhängiges
- nicht statisches

Im Laufe des Lebens und auch innerhalb von Jahren lässt sich die Definition des Erfolges immer wieder ändern und anpassen.

6.3. Jeder muss seine eigene Definition von Erfolg finden

Erfolg ist schlussendlich von persönlichen Bestandteilen anhängig. Aufgrund dessen hat jeder Mensch eine eigene Definition von Erfolg. Dies kannst du herausfinden, indem du dir einmal die Zeit nimmst und genau darüber nachdenkst, was für dich Erfolg bedeutet. Die Frage lässt sich nämlich für die meisten gar nicht innerhalb weniger Sekunden beantworten. Jeder Mensch verfügt dabei über eine eigene Begriffserklärung, den Erfolg empfindet jeder Mensch aufgrund seiner eigenen Ansichten anders. Die folgenden Dinge können dir jedoch bei deiner Definition behilflich sein:

- Von der Art und dem Grad deiner persönlichen Zielerreichung ist auch dein persönlicher Erfolg abhängig.
- Deine selbst definierten Ziele erfüllen dich mit einer inneren Zufriedenheit.
- Deine gewünschten Ziele resultieren aus deinen Idealen und Visionen, ebenso wie aus deiner Sinnerfüllung und unterstützen dabei dein eigenes Wohlbefinden.

Deinen persönlichen Erfolg hast du somit bereits erfüllt, wenn du genau das tust, was dich in deinem Leben erfüllt.

7. Das Zeitmanagement

Den Begriff Zeitmanagement habe ich bereits schon einmal erwähnt, daher möchte ich ihn auch in diesem Zusammenhang einmal erläutern. Jeder Mensch hat jedoch, wie beim Thema Erfolg, eine eigene Vorstellung von diesem.
Viele Menschen verbinden das Zeitmanagement damit, dass sie ihre Zeit gut einteilen (managen) und dadurch mehr leisten können. Allerdings ist dem nicht so.

Der Mensch hat aufgrund verschiedener Faktoren wie Fortschritt der Technologie, der Gesellschaft und den Anforderungen immer weniger Zeit, da in immer weniger Zeit viel mehr Dinge gestopft werden müssen, die es zu erfüllen gilt. Die Zeit wird aufgrund der schnelleren Technologie, Autos, Züge, Handys und Computer, so wie andere Dinge, auf immer kleinere Einheiten heruntergebrochen. Zur früheren Zeit dachte man noch in größeren Zeiteinheiten (Sekunden) wie heute (Millisekunden).

7.1. Was ist Zeitmanagement?

Die eigene Zeit wird beim Zeitmanagement systematisch geplant. Dies bedeutet jedoch nicht, dass du nun akribisch jede Minute deines Tages verplanen solltest und so viele To-Dos einplanen solltest, dass der ganze Tag ausgefüllt ist. Dies wird nämlich nicht gut, sondern schief gehen.

Im Regelfall versucht man einfach seine vorhandenen 24 Stunden am Tag so gut zu nutzen, wie möglich. Die wichtigsten Dinge sollten erledigt werden und die Unwichtigen können auch einmal liegen bleiben. Dabei ist es wichtig, die beiden Sorten voneinander trennen zu können. Mit dem Wissen kannst du dich dann hinsetzen und

deinen Tag planen, jedoch nicht akribisch von Minute zu Minute.
Es gilt vielmehr beim Zeitmanagement die vorhandene Zeit für Arbeit, Familie, Freunde, Hobbys und vielem mehr so zu planen, dass du alle Dinge erfüllen kannst, die dir wichtig sind. Somit ist Zeitmanagement nichts anderes, als Prioritäten setzen bzw. diese zu managen. Du wirst keinen Tag in deinem Leben erleben, an dem du alles an einem Tag schaffen wirst. In den meisten Fällen musst du auch damit rechnen, dass dein Zeitmanagement nicht aufgeht, weil etwas dazwischen kommt.

7.2. Was genau tust du beim Thema Zeitmanagement?

Es gibt viele unterschiedliche Methoden und auch Tools, wie du deine Zeit am besten sinnvoll planst. Diese sollen dir dabei helfen deinen Tag zu planen und strukturieren.
In erster Linie fällt dir dabei mit Sicherheit die klassische To-Do-Liste ein. Dies hat aber noch nicht viel mit einem klassischen Zeitmanagement zu tun.

Wenn du dir nun eine solche To-Do-Liste geschrieben hast (in welcher Form auch immer), gilt es diese noch nach den eben angesprochenen Prioritäten zu ordnen. Die wichtigsten Aufgaben kommen zuerst und stufen sich dann nach der Wichtigkeit ab.

7.3. Was bringt dir Zeitmanagement?

Ein wirkliches „Prioritäten setzen“ ist aber auch das Anordnen einer solchen Liste noch immer nicht. Du könntest dir nun noch die Mühe machen und die geschätzte, benötigte Zeit für die jeweiligen Aufgaben dazu schreiben. Doch auch dies sind keine Prioritäten.

Dies findest du erst heraus, wenn du dir die Frage beantworten kannst, was dir wichtig ist. Wenn du diese beantwortet hast, kannst du auch deine To-Do-Liste erneut ordnen. Somit setzt du beim Zeitmanagement deine eigenen Prioritäten.

8. Kennst du deine Prioritäten in deinem Leben?

Du kannst dein Leben besser nach deinen Wünschen und Vorstellungen ausrichten, wenn du deine Prioritäten benennen kannst. Prioritäten geben dir Orientierung. Du kannst Dinge fest in dein Leben einfügen, wenn du weißt, was dir wichtig ist und welche Prioritäten du hast. Am Ende deines Lebens wirst du somit viel zu zufriedener sein.

8.1. Verschiebe deine Prioritäten nicht auf später

Menschen haben die Angewohnheit, ihre Vorhaben auf später zu verschieben, da sie der Meinung sind, dann wäre ein besserer Zeitpunkt. Doch oftmals vergeht einfach nur Zeit, in der die eigenen Prioritäten hinten angestellt und nicht erfüllt wurden. Sei dir jedoch bewusst, dass sich die Zeit niemals zurück drehen lässt.

8.2. Warum ist es wichtig, deine Prioritäten zu kennen?

Du kannst dein Leben nur nach deinen Prioritäten ausrichten, wenn du weißt, wie diese aussehen. Sowohl im Alltag, wie auch im Beruf erleichtern sie dir vieles, denn du weißt genau, was dir wichtig ist. Es ist essentiell, nach den eigenen Prioritäten zu leben.

8.3. Lebe deine Prioritäten

Kennst du deine Prioritäten, kennst du deine Lebensziele. Zunächst gilt es, sich darüber Gedanken zu machen, wie du diese erreichen kannst. Danach heißt es dann losgehen, auch wenn du Angst hast und Steine deinen Weg pflastern. Am Wegesrand werden auch immer mal Menschen stehen, die

dich versuchen wollen aufzuhalten. Jeder Schritt in diese Richtung wird dich deinem Leben und deinen Vorstellungen näher bringen.
Schlussendlich werden Menschen, die genau das getan haben, immer für ihren Mut, Leidenschaft und außergewöhnliches Leben bewundert.
Wahrscheinlich kennst auch du Menschen, die einem ungewöhnlichen Lebensweg verfolgen. Dies haben sie jedoch nicht schaffen können, weil sie ungewöhnlich sind, sondern weil es ihnen wichtig ist, diesen auch zu leben.
Du kannst das auch. Dafür musst du nichts ungewöhnlich oder besonders mutig sein. Du musst lediglich aufstehen und anfangen, den ersten Schritt zu gehen. Verlieren kannst du dabei nichts, sondern nur wertvolle Erfahrung gewinnen.
Das Wichtigste dabei ist jedoch, dass du zufrieden sein wirst mit dem, was du tust.

8.4. Selbsterfüllende Prophezeiung

Im Beruf und Privatleben sind selbsterfüllende Prophezeiung sehr vielseitig einsetzbar. Doch können diese nur einen positiven Effekt haben? Nein, denn sie können sogar gefährlich werden, da du dir selbst im Weg stehen, dein eigenes Scheitern beeinflussen und sogar verursachen kannst. Allerdings sind dicsc auch in der Lage, die eigene Stimmung zu verbessern und dich im Beruf voran zu bringen.

9. Die Selbsterfüllende Prophezeiung

Das eigene Verhalten, jedoch auch das deiner Mitmenschen kannst du anhand einer selbsterfüllenden Prophezeiung beeinflussen. Erwartest du ein bestimmtes Ereignis oder Verhalten, trägst du selbst dazu bei, dass dieses auch eintritt. Der gegensätzliche Effekt wird selbstzerstörende Prophezeiung genannt. Dabei sorgst du mit deinem Zutun dafür, dass das Ereignis eben nicht eintritt.

9.1. Welche Effekte gibt es bei der Selbsterfüllende Prophezeiung?

Die Effekte einer selbsterfüllenden Prophezeiung sind erstaunlich. Du kannst sowohl das positive, jedoch auch negative Verhalten von betroffenen Personen beeinflussen.

9.2. Der Pygmalion-Effekt

Die amerikanischen Psychologen Robert Rosenthal und Leonore Jakobson haben bereits die Effekte einer selbsterfüllenden Prophezeiung in den 1960er Jahren anhand von Studien an amerikanischen Grundschulen kennenzulernen dürfen.

Die Wissenschaftler wählten die Schüler wahllos aus. Den Lehrern erklärten sie, dass diese Kinder besondere Begabungen hätten und in kommender Zeit somit auch eine Steigerung ihrer Leistungen zu erwarten seien. Nach einem Jahr zeigten Test, dass die zufällig ausgewählten Schüler ihre Leistung viel stärker steigern konnten als die andere Gruppe. Der Pygmalion-Effekt hat sich damit bestätigt.

Die Schüler wurden seitens der Lehrer aufgrund der Erwartungen durch Dinge wie höhere Anforderungen und vermehrten Lob und Tadel beeinflusst. Dadurch konnte das wissenschaftliche Experiment für den Pygmalion-Effekt eintreten.

9.3. Die Selbsterfüllende Prophezeiung bei Senioren

Allerdings können selbsterfüllende Prophezeiung nicht nur positive Auswirkungen haben. Dies bewies eine Studie des British Medical Jerney. Gerade bei Senioren besteht eine erhöhte Unfallgefahr, wenn sie vornherein schon eine höhere Angst vor Stürzen hatten, als bei Senioren, die diese Angst nicht oder nur teilweise hatten.

9.4. Die Selbsterfüllende Prophezeiung und eine Finanzkrise

Heutzutage geht man ebenfalls noch davon aus, dass das eigene Geld bei der Bank sicher ist. Wirkt auf das Gerücht auf, dass bei deiner Bank eine Insolvenz ansteht, wie reagierst du dann?
Solche Berichte können dafür sorgen, dass viele Bankkunden ihr Geld aus dieser Bank abziehen und somit stürzt die Bank dann tatsächlich in die Krise. Der Kunde wird verunsichert aufgrund der Fehlinformationen. Je glaubwürdiger die Quelle dessen ist, desto eher wird der Kunde auch so reagieren.

9.5. Angst vor Versagen

Gehst du an eine wichtige Arbeit oder einen Test mit der Einstellung ran, dass es sowieso nicht klappen wird mit der Prüfung, beeinflusst du unbewusst dein Verhalten und die selbsterfüllende Prophezeiung tritt ein. Somit weißt du, dass sowohl deine Erwartungen, wie auch deine Einstellung das Ergebnis beeinflusst haben.

9.6. Wie kannst du die Selbsterfüllende Prophezeiung nutzen?

Wenn du daran glaubst, dass du etwas erreichen kannst in deinem Leben, schaffst du dir damit tatsächlich höhere Chancen ein. Die Stärke der selbsterfüllenden Prophezeiung liegt genau an dieser Stelle. Du musst keinen wahnsinnigen Aufwand betreiben, wenn du von dieser profitieren möchtest, es bedarf keiner Vorbereitungen und du musst auch keine komplexe Theorie anwenden. Ebenso kann neben dir dein Umfeld von deinen Erwartungen profitieren.

9.7. Wie kannst du davon profitieren?

Mit welcher Einstellung du an ein Projekt, eine Aufgabe oder eine schwierige Situation heran gehst, ist deine Entscheidung. Gehst du direkt von Anfang an pessimistisch an die Sache heran und beeinflusst so durch dein Verhalten das Ganze negativ oder machst du es genau anders herum und profitierst von dem Erfolg, zu dem du unbewusst beiträgst?

9.8. Wie dein Umfeld davon profitiert

Deine eigene Erwartung und Einstellung können andere beeinflussen, wie der Pygmalion-Effekt bewiesen hat. Du kannst sowohl deinen Kollegen, Freunden oder auch Familienmitglieder mit deiner positiven Einstellung helfen, wenn du an deren Erfolg glaubst und dieser dann auch schlussendlich eintritt.

Natürlich ist es nicht immer ein leichtes Unterfangen an die eigenen Fähigkeiten und das Erreichen der Ziele zu glauben. Denn jeder Mensch bekommt von Zeit zu Zeit Selbstzweifel und es kommen Fragen auf, wie du die

Situation nun schaffen und bewältigen kannst. Du kannst jedoch deine positive Erwartung formulieren und an diese glauben mit Dingen wie:

- Erlaube dir zu träumen. Dabei solltest du dich nicht auf die Dinge beschränken, die du bereits in deinem Leben erreicht hast. Bedenke, dass jeder Mensch Wünsche und Träume hat, an denen er arbeiten kann und die er erreichen möchte. Es ist sinnvoll, diese festzuhalten.
- Drei Fragen können dir dabei helfen, deine positiven Erwartungen zu formulieren: Was möchte ich erreichen? Was bedeutet das Ziel für mich? Was wäre ich bereit, dafür zu tun?
- Den Optimismus solltest du dir immer aufbewahren. Durch Zweifel solltest du dich nicht von deiner positiven Erwartung nicht abbringen lassen. Die Zweifel können die Effekte der selbsterfüllenden Prophezeiung durch Optimismus nicht verhindern.

9.9. Wunschdenken kann Erfolg auch sabotieren

Die selbsterfüllende Prophezeiung kann jedoch nicht nur positiven Einfluss haben und genau das Gegenteil bewirken. Dies liegt daran, wenn das eigene Wunschdenken dazu beiträgt die Ziele nicht zu erreichen, sondern sich ganz gekonnt in den Weg wirft. Die beiden Psychologen Heather Kappes von der New York Universität und Gabriele Oettingen von der Universität in Hamburg haben dies bei Studien herausgefunden.

- Positive Phantasien können laut der Ergebnisse den Ausgang einer Prüfung negativ beeinflussen.
- Die positiven Erwartungen können dazu führen, dass getreu dem Motto, es wird schon klappen, ein geringerer Aufwand als notwendig betrieben wird.

- Die Vorfreude kann allein schon so viel Genuss bieten, als hätte man das Ziel schon erreicht. Dadurch ist dann, wenn du zur Tat schreitest, deutlich weniger Energie vorhanden, als du eigentlich benötigen würdest.

Bei der Selbsterfüllende Prophezeiung kommt es somit auch wieder einmal auf die Dosis des "Gifts" an, damit es eine bestimmte Wirkung hat. Ein guter Weg ist es, mit positiven Gedanken an eine Aufgabe heran zu gehen, allerdings solltest du es vermeiden, dass du dich auf der Vorfreude ausruhst, bevor du das Ziel auch wirklich erreicht hast.

10. Schlusswort / Fazit

Selbstdisziplin ist eine essentielle Fähigkeit, die du dir aneignen kannst, wenn du keine oder nur eingeschränkten Zugriff darauf hast. Wofür diese Eigenschaft wichtig ist, hast du nun erfahren. Nun gilt es, dass ganze Wissen auch in die Tat umzusetzen, wenn du ein erfolgreiches, glückliches und zufriedenes Leben führen möchtest.

Dies kannst du mithilfe dieses Buches ohne Anstrengung und umständlichen Anleitungen schaffen, da du die Zusammenhänge im Bereich der Selbstdisziplin gelernt hast.

Selbstdisziplin ist ein Oberbegriff, von dem viele weitere, sehr wichtige Fähigkeiten abhängen und die du dir alle aneignen kannst.

Möchtest du endlich die wahre Freiheit im Leben spüren und dein Leben selbstbestimmt, mit der nötigen Selbstdisziplin erleben? Dann fang jetzt damit an.

Eine Bitte an den Leser

Rezensionen sind für uns Autoren ein sehr wichtiger Bestandteil unserer Arbeit. Kaufentscheidungen von Kunden hängen meistens von Rezensionen ab.

Daher würde ich mich sehr freuen, wenn du eine kurze Rezension auf Amazon zu diesem Buch verfassen würdest.

Feedback hilft mir, mich stetig zu verbessern und weiter zu entwickeln.

Vielen Dank für deinen Support

Tilo Kuhn

Impressum

Kontakt
D.K.Publishing
Dennis Krause
Am Graben 6
41515 Grevenbroich

Printed in Poland
by Amazon Fulfillment
Poland Sp. z o.o., Wrocław

57151741R00056